JN437522

나의 노래, 주님 홀로 들으소서

나의 노래, 주님 홀로 들으소서

깨어진 둘을 하나로 만든 강신명

김중순 지음

책을 펴내면서

강신명 목사님은 목회자이며 교육자이시다. 2006년 학교법인 계성학원에서는 개교 100주년을 맞아 강신명 목사님을 "자랑스러운 계성 10인" 가운데 한 분으로 선정했다. 강신명 목사님은 이미 우리 교육계나 종교계에서 크게 존경을 받는 인물인데 이런 과정은 새삼스러울 수 있다. 그러나 후세들이 그 분을 기릴 수 있는 근거 자료들은 제대로 정리되어 있지 않다. 비록 몇몇 사료들이 남아있기는 하지만, 그 주인공은 강신명 목사님이 아니다. 강 목사님이 직접 남기신 글도 적지 않지만, 이 역시 그 분의 "인간적인 면모"를 이해하는 데는 별로 도움이 되지 않는다.

계성은 강 목사님이 청소년기의 꿈을 키운 보금자리였고, 그의 인격이 형성된 현장이었다. 이 책이 빛을 보게 된 것은 그 분이 가졌던 그 꿈을 계성학교에만 가두어 두지 않고 세상 모든 청소년들과 나누어야겠다는 학교법인 계성학원 김태동 이사장님의 의지 덕분이다. 이 책의 목적은 신학적으로, 혹은 교회사나 교육학적으로 그 분의 공과를 기술하려는 것이 아니다. 그저 과거라는 시간의 단위 속에서 박제된 모습으로 남아계시는 강 목사님을 다시 일으켜 세워 자라나는 청소년들에게 소개하고자 하는 것이다. 그리고 그 분이 남기신 믿음과 사랑과 소망의 의미를 역사적으로 재조명하고자 하는 것이다. 그것은 후세에 교훈과 기쁨과 감동을 제공할 것이라 믿기 때문이다. 또한 강 목사님의 파란만장했던 삶의 여정은 우리에게 커다란 자긍심과 희망과 용기를 주어 미래를 위한 (Role Model)이 될 것으로 믿기 때문이다.

따라서 이야기의 서술은 '스토리텔링'의 방식을 취했다. 그것은 '이야기'라고 하는 실체가 현재 진행형으로 말해지는 행위이다. 인쇄매체의 시대에는 '이야기'가 '이미 이루어진 과거의 것'을 의미했다. 그러나 스토리텔링에는 'tell' 이라는 구체적인 감각적 행위가 포함되어 있다. 특히 화자와 청자가 같은 맥락 속에 포함됨으로써 현재의 상황이 강조된다. 현장성의 회복, 즉 새롭게 확장된 구술문화의 차원이 되는 것이다. 여기에 'ing'는 상황의 공유와 그에 따른 상호작용성의 의미를 내포한다. 가공되지 않은 단순 자료를 이야기로 풀어 재미있게 만든 것을 말한다. 그래서 상당 부분 작가의 상상력에 의한 재구성이 이루어지게 된다. 소위 리얼리티(reality)를 위한 장치라고 할 수 있다.

이 책이 탄생하기까지에는 많은 분들의 도움이 있었다. 처음에 공저자로 참여했던 신상조 선생의 수고가 적지 않았다. 발로 뛰어다니며 많은 자료를 모으고 초고를 집필하기도 했다. 그러나 끝까지 함께 하지 못하게 된 것을 유감스럽게 생각한다. 글쓰기에 대한 취향이나 방법이 달랐던 것도 문제였지만, 그것을 아우르지 못한 내 책임이 더 크다. 글을 꼼꼼히 읽고 윤문에 도움을 준 이현원, 김경미 교수님께도 감사의 뜻을 전한다. 그럼에도 불구하고 미진한 부분들이 많아 부끄러웠던 터에 김명구 선생님이 『소죽 강신명 목사』라는 책을 출판했다는 소식을 전해 듣고 다행스러웠다. 내가 다루지 못한 서울장신대학이나 세계대학봉사회 등과 관련 부분을 포함하고 있고, 특히 강 목사님의 사회적 이상과 관련하여 자세히 기술되어 있어 이 책의 부족한 부분을 보완해 줄 수 있으리라 된다.

한 인간의 생애를 다룬 이 책을 통해 청소년들이 '근대'라고 하는 시대 속에 숨은 많은 이야기들을 재미있게 읽어 낼 수 있으면 좋겠다.

2010년의 봄을 기다리며

글쓴이 김 중 순

차례

1 분처바위의 비밀

"날씨 한번 겁나게 덥다. 그런데 자네, 그 소문 들었나?"

"무슨 소문? 어디서 무슨 일이 났어?"

"분처바위에 암각상 있잖은가. 그 암각상이 바로 기독교상이라나 봐. 암각상에 글씨가 적혀 있는데 히브리어라나 뭐래나."

"히브리어? 영어도 아니고 히브리어라니……. 그런데 히브리어가 적혀있다고 해서 다 기독교상은 아닐 텐데?"

"옛날에 예수가 죽었다가 부활해서 하늘에 올라가자 그 제자들이 온 세상에 흩어져서 그런 사실을 전하고 다녔다나봐. 그게 벌써 2천 년 전 일이라지, 아마. 그런데 그 제자들 중 한 명이 그때에 이 한반도에도 다녀갔다는 거야. 분처바위의 암각상이 바로 그 증거물이라더군. 뭔고 하니, 거기에 써놓은 히브리 글자가 그 제자 중 한 명의 이름이라는 거야. '도마'라고 하던가…… 하여튼 정말 수수께끼 같은 상이야."

"하기야 웬만한 바윗덩이나 고목만 봐도 치성을 드리던 노인네들이 거기다 대고 절하는 건 여태 한 번도 본 적이 없어. 생각해보니 이상한 일이긴 하네."

"지금까지 섬기던 것들과는 다른 물건이라는 걸 본능적으로 알아본 게지. 신문 기자들도 많이 찾아왔다더군. 어찌되었든 우리 고장에도 신기한 명물이 하나 탄생했구먼. 그렇지 않은가?"

1987년 8월 어느 날, 내매(乃梅)에서 얼마 떨어지지 않은 경북 영주시 평은면 강동 2리에 있는 왕유동(王留洞)에 외지인들이 속속 모여들었다. 왕유동이 이처럼 외부의 관심을 끌기란 마을이 생긴 이래 처음이었다. 그들이 주목하는 것은 머리 부분이 떨어져 나간 암각상으로 분처바위라고 하는 것이었다. 왕유동은 고려 31대 공민왕이 홍건족의 난리(1361년)를 피하기 위해 안동으로 가는 길에 머물렀다고 해서 붙여진 이름이다. 속칭 '왕머리'라고도 불렸다. 그런데 거기서 높이가 족히 5m나 되는 대형 암각상이 발견된 것이다. 암각상의 상면(像面)과 암면(岩面)에는 음각한 글자가 세 개나 발견되었는데,

그 중에 하나가 '도마'라는 히브리 글자였다. 도마는 예수의 열 두 제자 중 한 명의 이름이다. 암각상의 모양은 일반적인 불상과는 차이가 났다. 상(像)의 구도나 복장도 여느 불상과는 달랐다.발가락의 노출 모양과 장미로 보이는 꽃을 쥔 가슴 위의 손 모양은 오히려 기독교의 예수 상에서 나타나는 보편적 기법이었다. 또한 후대에 새겨진 것으로 보이는 '야소화왕인도자(耶蘇花王引導者)'라는 명문(銘文)은 암각상이 기독교 유물이란 이론적 근거였다. 게다가 이 지역 주민들의 증언도 그런 심증을 굳히는 데 보탬이 되었다. 그동안 이 상 앞에서만큼은 주민들의 물상숭배 행위가 없었다는 것이다. 불상이나 기타 상서롭지 않은 대상물만 있으면 예외 없이 지성으로 빌던 한국인들의 관행에 비추어볼 때 의외의 일이 아닐 수 없었다.

기독교 선교 역사에서는 도마가 동방 인도에 와서 고대 동방기독교의 첫 선교 활동을 했다는 것이 거의 정설로 굳어져 있다. 그런 그가 한반도에 와서 흔적을 남겼다면 이것이야말로 세상을 깜짝 놀라게 할 일이 아닐 수 없었다. 또한 기독교에서 논란이 되고 있는 중국 경교의 한반도 전파설과도 관련이 있을 터였다. 중국과 몽골 지방으로 전해져 '경교(景敎)'라 불렸던 네스토리우스파 기독교는 몽골 부족들에 의해서 원나라 때 크게 번성하다가 명나라의 건국과 함께 쇠퇴한 종교다. 이 분처바위가 통일신라시대에 경교의 한반도 유입설에 대한

증거가 될 수 있을지도 모를 일이다. 그게 아니라면 예수의 가르침이 이미 그 때부터 이 지역에 예정이라도 되어 있었단 말인가?

1893년, 내매동 사람인 강재원이 분처바위에 당도한 것은 매미 소리도 요란한 한여름 오후였다. 그는 가지고 갔던 괴나리봇짐을 풀어보지도 못한 채 안동에서 곧장 돌아오는 길이었다. 봇짐 속에는 인삼과 여러 가지 희귀한 나무뿌리들이 가득 든 채였다. 그 날은 허탕을 친 날이었다. 그런데도 강재원의 발걸음은 가볍기만 했다. 안동장이 설 때마다 강재원은 약재를 팔러 괴나리봇짐을 지고 안동을 오갔다. 안동까지는 적어도 하루를 꼬박 걸어야하는 먼 길이었다. 먼 길을 다녀 올 때마다 그는 언제나 분처바위 앞에 당도하면 새롭게 옷매무새를 바로하고 봇짐의 끈을 바투 매곤 했었다. 그리고 두 손을 모아 합장하며 절을 했다.

"잘 다녀왔습니다."

그럴 적마다 분처바위는 그에게 뭔가 비밀스런 인사를 건네는 듯했다.

그날, 강재원이 안동시장에 도착했을 때 장터엔 사람들이 구름떼처럼 모여 있었다. 이상한 일이었다. 비록 5일장이 선 날이라고는 해도 장꾼들이 이날처럼 붐볐던 적이 없었기 때문

분처바위. 비록 목은 떨어져 나갔으나 꽃을 든 두 손은 가슴에 모으고 있다.

이다. 그러고 보니 사람들은, 땀을 뻘뻘 흘리며 서툰 한국말로 외치는 누군가를 온통 에워싸고 있었다. 번화하고 활기찬 시장 한가운데서 구경거리가 된 이는 눈이 파랗고 코가 큰 서양인이었다. 그는 부산에 선교 본부를 두고 경상도 순회전도를 하고 있던 베어드(William M. Baird; 裵偉良) 선교사로 일행들과 함께 복음을 증거하고 있었던 것이다.[1)]

"예수를 믿으세요! 그리하면 당신과 당신의 가정이 구원을 얻습니다!"

어찌된 셈인지 베어드 선교사의 외침은 강재원의 마음을 온통 뒤흔드는 호소력이 있었다. 선교사를 만난 이후, 마치 귀신에게 홀린 사람처럼 강재원은 곧장 분처바위로 돌아왔다. 선교사가 했던 말을 내내 중얼거리면서였다.

"예수를 믿으세요! 그리하면 당신과 당신의 가정이 구원을 얻습니다!……."

그날따라 분처바위에는 더욱 이상한 기운이 감도는 것 같았다. 강재원은 문득 예전부터 분처바위가 그에게 건네곤 했던 그 비밀스런 속삭임이야말로 바로 베어드 선교사가 전하던 말일지도 모른다는 생각이 들었다. 그랬다. 바로 그것이었다. 그동안 비록 알아들을 순 없었지만 분처바위가 때때로 그에게

1) 배위량 선교사는 1893년 4월 17일부터 5월 20일까지 경북 지역을 처음으로 전도 여행을 했다.

속삭였던 비밀은 낮에 안동에서 만난 코 큰 서양인 선교사가 그에게 전했던, 예수를 믿으면 구원을 얻는다는 바로 그 소식이라는 확신이 들었다.

다음날부터 강재원은 하루가 멀다 하고 안동으로 달려갔다. 지곡에 살고 있는 강두와 함께 안동에 있는 '방자미교회'를 다니기 시작한 것이다. 평소에 출석하기에는 너무 먼 곳이었다. 그러다가 1907년 봄에는 마을 사람들과 함께 유병두의 집에 모여 처음으로 교회의 면모를 갖추고 예배를 드렸다. 내매교회의 시작이었다. 강재원이 살던 영주군 평은면 천본리 내매는 강신명의 13대조 나경공(蘿慶公)이 임진왜란 때 피난처로 정한 진주 강씨 집성촌이다. 그러니까 강씨 집안 후손들이 약 400여년 살아 온 문중의 고향인 셈이다. 내매동의 사면은 그다지 높지 않은 산들이 병풍처럼 겹겹이 둘러있었다. 태백산맥에서 흘러내리는 물이 내매마을을 관통하여 낙동강으로 흐르고 있어서 내성천을 따라 남쪽이 제법 광활하게 트여진 동네이다. 내매교회를 중심으로 하는 천본리에서 이미 예수를 믿지 않는 가정을 찾기란 오히려 힘들 정도가 되었다. 오늘날까지 강씨 집성촌이 건재한 이곳은 당시, 씨족 공동체인 동시에 믿음의 공동체였던 것이다.[2)]

내매동은 그다지 높지 않은 산들이 병풍처럼 겹겹이 둘러 쌓여 내성천(乃城川)을 따라 남쪽이 광활하게 트여진 동네이다. 내매교회가 있는 천본리는 믿음의 공동체였다.

그러나 마을의 수재로 이름난 청년 강병주(姜炳周, 1882-1955)는 유독 이러한 마을의 분위기를 마뜩찮게 여기고 있었다. 강병주는 열두 살에 생모를 잃었으나 한학에 뛰어난 재능을 보여 마을 사람들 모두가 보배로 여기는 아이였다. 열다섯 살 때 경주 최씨 가문에서 아내를 얻을 때까지만 해도 그는 누가 봐도 학자가 될 사람이었다. 그러나 그는 천성이 수굿한 성품은 아니었다. 나라 분위기마저 의병난으로 뒤숭숭해져 세상의 인심은 극도로 피폐해져 있었다. 혼란한 시대에 강병주를 더욱 방황케 한 것은 정신적인 배고픔이었다. 한때, 입산수도를 위해 경남 합천에 있는 해인사를 찾은 적도 있었다. 그는 골방에 틀어박혀 혼자서 한학에 열중하기도 하고, 동학에 심취하여 명성황후 시해사건이 터진 후에는 세상을 뒤집을 꿈도 꿨었다. 서양학문을 받아들여 과학과 수리공부에 빠지기도 했

---

2) 내매교회(乃梅敎會)는 대구 계명대학교의 설립 이사 가운데 한 사람이었던 강인구 목사 등 한국교회사에 빛나는 업적을 남긴 인물들을 많이 배출한 곳으로도 유명하다. 해방 이후 좌우 이념대립이 극에 달했던 1949년 어느 날엔 공산 폭도들이 내려와 마을을 쑥대밭으로 만든 일이 있었다. 일곱 명이 총에 맞아 죽고 교회는 불에 타 전소되었다. 그때도 마을 사람들은 오히려 예수의 이름을 의지해서 마을을 일으켰었다. 그들은 당시 50여 세대가 사는 마을에 불신자가 한 명도 없는 한국의 예루살렘 이상촌을 만든다는 목표 아래 향약 6개조를 만들기도 했다. 신앙의 전통을 이루어낸 특별한 마을이라 하지 않을 수 없다. 향약 6개조는 아래와 같다.

① 우상숭배와 선조제사를 엄금하고 구습타파와 미신을 일소한다.
② 동민 전체가 주초, 장기, 바둑, 도박, 주막 출입을 불허한다.
③ 일제의 앞잡이인 경찰관 지원을 엄금한다.
④ 신 · 불신을 막론하고 빈약한 관혼상에는 자비량으로 협조한다.
⑤ 소 이외의 가축 사육을 금지하며 깨끗한 신앙촌을 만든다.
⑥ 주일은 성수하며 우물문을 잠그고 전날에 준비한다.

다. 하지만 이런 오랜 방황 끝에 강병주가 돌아 온 곳도 결국은 집안 어른 강재원이 일찌감치 마련해 둔 자리나 마찬가지인 내매교회였다. 그의 방황에 걱정하던 집안 어른들의 반응은 놀라움 그 자체였다. 그렇게도 마음을 잡지 못하던 강병주의 회심이 믿을 수 없을 정도로 급격했기 때문이었다. 그것은 강병주가 하나님을 믿은 이후에 생겨난 변화가 틀림없었다. 그런 강병주가 아내 최영주와의 사이에서 첫 아들을 얻은 것은 1909년 6월 13일 이었다. 그리고 굳건한 믿음으로 밝음을 좇으라는 뜻으로 '신명(信明)'이라 이름을 지었다.

강병주는 첫 아들 신명을 낳고 무엇보다 마을의 계몽운동에 힘을 쏟았다. 문중의 힘을 모아 내매교회의 마당을 사이에 두고 소학교 과정의 4년제 기독내명학교(基督內明學校)를 설립하여 운영하기도 했다. 이 민족을 가난으로부터 구하겠다는 일념으로 먼저 마을사람들을 대상으로 대혁신 운동을 전개했던 것이다. 그에게 교회는 단순히 영적인 것만 추구하는 현실의 도피처가 아니었다. 다행히 내매 마을은 조선 땅의 그 어느 곳 보다 서학의 분위기가 강했고, 바깥 세상에 대해 열려있었기에 개혁이 그리 힘든 일은 아니었다. 신념에 가득 찬 그는 여기서 그치지 않았다. 1915년 대구 계성학교와 대구 성경학교를 거쳐 결국은 40세가 되던 1922년에 평양신학교까지 졸업

강병주(姜炳周) 목사는 신명의 아버지이자 신앙의 모범이기도 했다.

하여 목사가 되었다. 목표를 세우면 끝까지 이루고 마는 의지의 사람이었다. 그가 첫 부임지로 선택한 곳은 영주의 풍기성내교회였다. 여기서도 그는 마을사람들의 적극적인 호응에 힘입어 뽕나무를 심어서 양잠을 하게하고, 와공(瓦工)을 불러다 기와를 직접 구워서 지붕을 개량하게 했다. 젊은이들에게는 새끼 꼬기와 가마니 치는 부업을 권장하고, 야산을 개간하여 유실수를 심게 했다. 그리고 『정조십사석수확법(正組十四石收穫法)』, 『면화(棉花)다수확법』 등 농사개량법 관련 저서를 남길 만큼 실사구시(實事求是)의 모범을 보였다. 뿐만 아니라 영주읍내를 비롯하여 봉화읍이나 풍기와 같은 소읍에 강사로 초청되어 강연도 많이 했다. 웅변가라기보다 차라리 열변가로서 그의 진심어린 열정은 대중을 감동시켰다. 안동 경안성경학교 교장을 지내기도 한 그는 목회자이면서 교육자이기도 했다.

강병주는 『신철자법해설』, 『신선동화집』 등의 저서를 남길 정도로 국어연구와 아동문학연구에도 커다란 기여를 했다. 한글 연구와 보급에 힘쓴 공로로 1931년에는 한글학회의 명예회원이 되어 성경과 찬송가의 새로운 맞춤법에 따른 개정을 주도했고, 조선어학회 이사로 있으면서 『신편 찬송가』 1938년판의 교열 책임자로 직접 교정을 보았다. 그는 우리 민족이 발전하는 지름길은 온 국민이 글을 깨치는 것이고, 한글을 지키고 발전시키는 것이야 말로 곧 나라를 사랑하는 일이라고 믿었다.

"신명아, 네 공책을 다 가지고 오너라."

"예, 아버지."

아들 신명은 글을 배우고부터 아버지 앞에서만큼은 늘 긴장을 해야 했다. 까다롭기 짝이 없는 한글 맞춤법을 통과해야 했기 때문이었다. 신명은 글자가 적힌 자신의 공책을 아버지 앞에 모두 내려놓았다. 아버지가 자신의 공책을 펼쳐 읽을 때마다 어린 신명은 엄숙한 기분이 들곤 했다. 아버지는 띄어쓰기가 잘못되었거나 받아쓰기가 엉터리인 부분이 있으면 그 어휘나 구절을 신명에게 몇 번씩 다시 쓰게 했다. 뿐만 아니라 아버지는 아들 신명을 앉혀놓고 이야기 들려주기를 즐겨했다. 옛날 옛적 호랑이 담배피던 시절의 이야기를 비롯해서 성경이야기, 세상 돌아가는 이야기, 그리고 우리나라의 역사와 세계사까지 들려주었다. 아버지는 이야기꾼이었다. 아무런 힘이 없던 절망의 시절, 아버지는 민족의 정기(精氣)마저 빼앗길 수는 없다고 생각했다. 아무도 구속할 수 없는 상상력을 키우는 일이야말로 무엇보다 소중하다고 믿었던 것이다. 신명이 훗날 꿈을 가꾸고, 한글에 대해 누구보다 애착을 가지고, 음악적 재능을 펼치게 된 것도 아버지가 물려 준 성실함, 그리고 풍부한 지성과 감성 때문이었을 것이다. 그 시대에 누구보다도 먼저 문명을 깨우친 강병주 목사가 아버지로서 곁에 있었다는 사실은 신명에게 커다란 축복이었다. 그것은 또한 집안 어른 강재원이 누구보다도 일찍이 복음을 받아들인 덕분이었으니, 믿음의 조상 아브라함에게 내리신 하나님의 축복이 신명에게까지 이어진 것이 틀림없었다.

2 나귀를 타고 오신 목사님

"아버지, 몸은 좀 어떠세요?"

"그래, 김익두 목사님은 소식이 있느냐?"

아버지는 병석에 누워서도 부흥회 강사로 오실 김익두 목사님 걱정이었다. 아버지 강병주 목사는 3·1운동에 가담했다는 죄목으로 대구형무소에서 8개월의 옥고를 치르고 그해 겨울, 초췌한 모습으로 집에 돌아왔다. 고문으로 인해 몸은 망가진 상태였고, 길었던 머리는 까까중이 된 채였다. 어린 신명은 커다란 충격을 받았다. 존경하고 사랑하는 아버지를 누가 이처럼 참담한 꼴로 만들었단 말인가? 작은 두 주먹을 쥐며 억울함에 눈물을 흘렸지만, 그것이 나라를 빼앗긴 서러움이라는 사실을 깨닫기에는 아직 어렸다. 신명에게 세상은 극복하고 이겨내야 할 대상으로 무겁게 다가왔다.

김익두 목사님은 오후 늦게나 도착한다는 사실을 전해 들었건만, 신명은 아버지의 궁금증을 풀어드릴 양으로 이른 오후부터 동구 밖으로 나왔다. 새벽부터 흩날리던 마른 눈이 이제야 그쳤다. 기다렸다는 듯이 동구 밖에선 얼레의 실이 풀어졌고 하나 둘 연들이 하늘을 날기 시작했다. 앙상한 감나무 가지에선 아침부터 울어대던 까치들이 차가운 햇살을 쪼고 있었다.

"까치들도 귀한 손님이 오신다는 걸 아는 모양이지?"

"글쎄, 귀한 손님 정도가 아니라, 깡패 대장 목사님이 오시니 그걸 모를 리가 있나."

1920년 구정 무렵이었다. 지난 동짓날 팥죽에 새알을 열두 개나 넣어 먹은 신명은 식구들과 함께 교회의 교인들 틈에 끼어 동구 밖에서 김익두 목사를 기다리고 있었다. 한추위를 넘겼다고는 해도 아직 대한(大寒)을 지나지 않은 바람살이 제법 매서웠다. 신명은 바깥에 한참을 서 있느라 꽁꽁 언 발을 녹여볼 요량으로 동동거리며 제자리에서 맴을 돌았다. 스쳐가는 고추바람 속에서 가만히 있는 것 보다는 그편이 추위를 견디기가 한결 수월했다.

"주여!"

신명의 곁에 서 있던 어머니가 초조한 심정을 감추지 못한

김익두 목사(1874-1950)
한국교회의 초기 대부흥은 1907년에 일어났으며 그 다음 부흥은 삼일운동 이후에 일어났다. 이 부흥운동의 주역이 김익두 목사였다.

채 입속말로 나직하게 주님을 불렀다. 한숨을 내쉴 법한 순간에도 주님을 부르는 것이 그녀의 버릇이었다. 들숨과 날숨처럼 무심코 되풀이하던 그 호명이야말로 하나님을 믿는 이들의 탄식이자 탄성이었으며, 그들이 거룩한 분과의 동행을 고백하는 일상 속의 기도이기도 했다. 교인들은 기쁜 일이 있을 때도 "주여!"였으며, 슬픈 일이나 걱정거리를 앞두고도 "주님!"이었다. 어머니가 솜으로 누빈 마고자를 입히고 토시까지 팔뚝에 끼워 단단히 채비를 해줬건만 벌판을 한 바퀴 휘돌아오는 바람은 어린 신명과 동생 신정의 목덜미에도 매섭게 파고들었다. 따뜻한 집 안에서 기다리라는 어머니의 권유를 마다하고 그들은 부흥사 목사님을 마중하겠다고 기어이 고집을 부린 터였다. 김익두 목사님이 도착하면 집에서 학수고대하고 계시는 아버지께부터 알려드릴 참이었다.

안동에서 이곳 내매교회로 집회를 인도하러 올 김익두 목사는 별명이 '깡패목사'였다. 방탕한 청년 시절을 보내다가 회심해서 목사가 된 사람이라는 소문이 자자했다. 목사 안수를 받을 당시 이미 성경을 백 번씩이나 읽었다는 김익두 목사는 무엇보다 병자를 치유하는 능력으로 더욱 유명했다. 때문에 하나님의 위대한 종을 맞을 생각에 설레고 고대하는 심정으로 서 있던 사람은 비단 어린 신명과 신정만은 아니었다. 하나님의 외아들 예수는 귀머거리에게 들을 수 있도록 했고, 소경에게 눈을 뜨게 했으며, 앉은뱅이를 일으키고 죽은 나사로까지도 살리신 분이 아니던가! 그런데 이날 오는 부흥사가 그 신비한 주님의 능력을 그대로 받았다는 것이다. 그 뿐이 아니었다. 김익두 목사는 삼척동자까지 그 앞에서는 설설 길 만큼 유명한 깡패였다는 것이다. 이런저런 소문은 사람들로 하여금 도대체 어떻게 생겨먹은 사람일까?, 하는 호기심을 갖게 했다. 그런 호기심과 기다림 덕분에 김익두 목사가 자신들의 교회로 집회를 인도하러 온다는 사실에 어린 신명을 비롯한 교인들 모두는 그전부터 한껏 잔치 분위기였던 것이다.

"저기, 저기 구렛들 너머로 들어서는 어른이 김익두 목사님 아니야?"

낯선 손님을 발견한 누군가가 소리를 질렀다.

"맞아. 나귀를 타고 오시는 저 분이 틀림없이 목사님일 게야."

뻗어나간 길 끝, 그 마을 초입을 가리키며 눈 밝은 이들이 호들갑을 떨었다. 사람들의 짐작은 틀림없었다. 드디어 김익두 목사가 온 것이다. 신명은 순간, 자신도 모르게 잠깐 숨을 멈추고야 말았다. 나귀를 타고 오는 김익두 목사의 모습이 바로 새끼나귀를 타고 예루살렘 성에 입성했다던 성경 속의 예수님으로 비쳤기 때문이었다.

그 이튿날에는 명절에 온 큰 무리가 예수께서 예루살렘으로 오신다 함을 듣고 종려나무 가지를 가지고 맞으러 나가 외치되 호산나 찬송하리로다. 주의 이름으로 오시는 이 곧 이스라엘의 왕이시여 하더라. (요12:12)

신명은 지난 성탄절 축하 예배 때 자신이 교인들 앞에서 암송한 성경말씀이 이렇게 또렷이 현실로 나타날 줄은 미처 몰랐었다. 나귀를 타고 오시는 목사님의 모습이 너무나 아름다워 현기증이 날 지경이었다. 신명은 그날 꼿꼿한 자세로 앉아 고삐를 바투 잡고 오는 나귀 위의 부흥사에게서 좀처럼 눈을 뗄 수 없었다. 환호하는 교인들을 향해 활짝 웃으며 팔을 흔드는 김익두 목사님의 등 뒤로는 어느새 발갛게 노을이 지고 있었다. 드넓은 하늘에 보석처럼 박힌 별들이 영롱하게 빛을 발할 시간이 멀지 않았다. 마냥 신이 난 동생처럼 신명도 덩달아 펄쩍펄쩍 뛰고 싶었다. 병석에 누워있지만, 누구보다도 기뻐할 이 소식을 아버지께도 전해야 했다. 예수님이 이스라엘의 왕으로 오시어 병든 자를 고치고 가난한 자를 돌보셨다면, 예수의 모습을 한 김익두 목사님은 병석에 누워있는 아버지를 반드시 일으켜 세워줄 수 있을 것이다. 어린 신명에게 난데없는 생각이 스친 것도 바로 그 순간이었다.

"나도 저런 목사가 될 수 있을까?"

그것은 장차 목자로서의 길을 가게 될 소년이 깨달은, 어쩌면 필연적인 영감(靈感)같은 것이었는지도 모를 일이다. 삶의 어느 한때, 사람들은 자신 속에 어떤 변화가 생긴 것을 느낄 수 있다. 마치 날씨를 예고하는 바람결처럼, 그것은 운명이 우리에게 가리키는 방향이기도 하다. 동지(冬至)를 지난 지가 한참이었지만 아직은 밤이 길었다. 오늘 밤엔 저 깡패목사님의 설교를 통해 하나님의 은혜가 신명과 온 교인들에게 폭포수처럼 쏟아질 판이었다.

동양 성현의 말씀에 세가지 즐거움이 있다고 했으니, 위로 하나님을 섬겨 두려워 아니하고, 아래로 사람에게 부끄러움 없음이 첫째 즐거움이요, 부모와 형제가 구비(具備)하여 있음이 다른 하나의 즐거움이요, 천하의 영재(英才)를 많이 교양하는 것이 또 다른 하나의 즐거움이라는 것입니다. 이와는 달리 믿는 자에게는, 믿지 않는 자가 깨닫지 못하는 즐거움이 여덟 가지가 있습니다.

첫째는, 감응의 낙(感應之樂)입니다. 이것은 하나님이 우리의 기도를 들으시는 즐거움입니다.

둘째는, 도미(道味)의 즐거움입니다. 유치한 교인은 성경의 맛을 몰라 권면에 이기지 못하여 몇 장 보는 것도 무슨 말인지 모르지만, 성경의 그 보는 이치를 성령의 감화로 깨달을 때에, 그 말씀은 꿀송이보다 더 달고, 정금보다 더 귀한 것입니다.

셋째는, 극기(克己)의 낙입니다. 혹은 풍금을 치며 즐겁다 하고, 혹은 아름다운 여자를 즐겁다 하며, 혹은 이기고 즐겁다 하지만, 오직 신자는 자기 마음속에 있는 원수를 이기는 즐거움이 가장 큰 즐거움인 것입니다.

넷째는, 교인을 양성하는 즐거움입니다. 신자가 다른 사람을 주께로 인도하고 가르치는 것이 사람보기에는 쉽고 아무 재미가 없는 것 같으나, 그 중에는 즐거움이 있는 것입니다.

다섯째는, 환난안위의 낙(患亂安慰之樂)입니다. 신자가 주를 위하여 환란을 받게 될 때에 사람들은 그것을 환란이라고 생각하나, 믿는 자들은 사람들이 알지 못하는 즐거움을 맛보는 것입니다.

여섯째는, 영생의 낙(永生之樂)입니다. 사람들이 가장 슬퍼하며 두려워하는 것은 죽음입니다. 그러나 믿는 자는 믿음으로 세상을 떠나면 이 세상보다 억만배나 나은 영생이 있음을 알아 즐거워하는 것입니다.

일곱째는, 주님과 동행하는 낙(與主同行之樂)입니다. 천한 사람이 귀한 사람과 같이 있는 것을 즐겁다 하며, 어진 친구를 만나 같이 있는 것을 즐겁다 한다면, 신자가 하나님의 아들과 같이 있게 되는 즐거움을 어찌 다 말할 수 있겠습니까?

여덟째는, 만물을 관찰하는 낙(萬物觀察之樂)입니다. 사람들이 만물을 볼 때에, 꽃이나 초목이 무성하고 만발할 때에, 그 나타나는 빛을 보고 좋다고 하지만, 세상의 모든 운행이 하나님의 주장이심을 깨달아 감사함이 심중에 솟아나는 즐거움입니다.

김익두 목사가 내매교회를 방문하게 된 것은 해마다 구정을 전후로 해서 개최하는 부흥회 때였다. 그러나 그 때는 아직 지난 해 지축을 뒤 흔들었던 기미년 만세운동의 여진(餘震)이 커다란 상처로 남아 있었으니 세상살이가 이처럼 불안한 때도 없었다. 일제에 빼앗긴 나라는 이제 더 이상 되찾을 희망이 보이지 않았고 일제의 탄압은 점점 극심해져 사람들은 기댈 곳이 없었다. 세상 어디를 둘러봐도 장밋빛 미래는 없어 보였다. 만세운동 마저 실패한 후 조국의 현실은 더욱 암울해졌지만 부흥회를 계기로 내매교회 사람들의 가슴 속에는 성령의 불길이 더욱 뜨겁게 타올랐다. 현실에 가슴 아파하던 사람들이 위로 받을 곳은 오직 하나님밖에 없었던 것이다.

3 새날을 여는 닭소리

땅바닥은 군데군데 고인 물로 인해 질척거렸다. 시장 가까이로 접어들자 역겨운 냄새가 신명의 코를 찔렀다. 시장 골목은 오가는 사람들로 꽉 차있어서 발 디딜 틈이 없었다. 걸을 때마다 낯선 사람들의 어깨와 자꾸만 부딪혔다. "꼬꼬댁"하고 소리를 지르거나 풀쩍거리는 닭들로 우리 안은 소란스러웠다. 유난히 한 놈에게 신명의 눈길이 가 닿았다. 눈알을 대룩대룩 굴리는 품이 당당하고 벼슬이 몹시 검붉은 것이, 수탉이 분명했다. '산 닭 길들이기는 사람보다 어렵다'라는 속담의 주인공이 바로 이 녀석일지도 모른다는 생각이 들었다. 신명과 거짓말처럼 눈이 딱 마주친 닭이 갑자기 날개를 한껏 벌리더니 탁탁, 허리를 치고는 "꼬끼오!" 하며 목청을 높였다.

"꼬끼오, 꼬끼오……."

그칠 줄 모르고 질러대는 놈의 울음소리가 흡사 사이렌을 틀어놓은 것 같았다. 성가신 소리에 못 이긴 신명이 힘겹게 눈을 떴다. 꿈을 꾼 것이었다.

그런데 닭 울음소리가 여전히, 그리고 이제는 마치 머리맡에 앉아 우는 것처럼 손에 잡힐 듯 들려왔다. 그러고 보면 닭이 홰를 치고 있는 것은 꿈이 아니라 방문 밖에서 벌어지는 실제 상황인 모양이었다. 그것도 한 마리가 아니고 여러 마리였다.

"아, 맞다. 닭 모이를 줘야지."

비로소 그때까지 몽롱하게 남아있던 잠기운이 확, 떨쳐졌다. 신명은 옆에서 아직도 곤히 잠들어 있는 동생 신정을 흔들어 깨웠다. 지난밤, 시험 준비를 하느라 늦은 시간에야 잠든 동생이 안쓰럽긴 했지만 어쩔 수 없었다.

"신정아, 얼른 일어나. 이러다가는 학교 늦겠다."

"아! 저놈의 닭들은 잠도 없나."

새날을 여는 것은 언제나 닭의 울음소리였다. 아침 잠이 없는 닭들은 기상나팔처럼 정확하게 하루의 시작을 알리곤 했었다. 그러니 그만큼 물과 모이를 주는 시간이 일러야 했다. 떨어지지 않는 눈을 비비며 나온 형제가 아침마다 맨 처음 하는 일은 계사(鷄舍)를 돌보는 일이었다. 서둘러 물과 모이를 부어 준 후에는 밤새 쌓인 닭들의 배설물을 치워야 했다. 계사는 계단식으로 지어져서 칸마다 닭이 한 마리씩 들어앉아 있었다. 계단식으로 지어진 것은 위 칸에서 나오는 닭의 배설물이 아래 칸 닭에게로 곧장 떨어지는 것을 방지하기 위해서였다. 다 자란 닭들에 비해 병아리를 키우기란 훨씬 더 힘이 들었다. 병아리는 온도와 습도가 조금이라도 맞지 않으면 단 몇 시간 만에 폐사하기 일쑤였던 것이다. 한 겨울에도 병아리들을 키우는 배양실은 온도가 한증막처럼 높아야 했다. 부지런히 짚을 깔아주고, 겨울이면 언제나 난롯불을 지펴야했다. 하루 세 번, 이런 식으로 닭과 병아리를 돌보며 학교를 다니느라 형제는 정말 눈코 뜰 새가 없었다.

1928년, 배재중학 3학년 과정을 마친 후 신명은 대구 계성중학 4학년으로 전학했다. 계성중학교에서 두 형제는 이렇게 닭을 키우면서 공부를 하고 있었다. 학교에서는 근로학생들을 위하여 많은 편의를 제공해주고 있었다. 두 형제는 학교에서 어미닭 25마리와 병아리 100마리를 분양받고 사료까지 제공받아 학교 소유의 계사에서 양계를 시작했다. 교목이었던 이영식 목사의 사택 바로 앞에 지어진 계사에는 길쭉한 방이 하나 있었다. 거기에 얹혀 살 수 있었던 덕분에 둘은 기숙사비를 아낄 수 있었다. 형제는 닭을 키우며 그 단칸방에서 잠을 자고, 식사는 기숙사에서 해결했다. 아버지께서 보내주시는 돈으로는 항상 부족했기에 계란을 팔아서 나오는 수입으로 자신들의 학비와 생활비에 보태야했다. 그렇지만 양계가 말처럼 쉬울 순 없었다.

신명에게 전학은 사실 처음이 아니었다. 평양신학에서 공부중이던 아버지를 따라 가 입학은 평양의 숭실중학에서 했다. 공주의 영명학교와 서울의 배재학교를 거친 것도 아버지의 일터를 따라다닌 덕이었다. 마지막으로 굳이 계성학교로 전학하게 된 것은 계성학교의 4회 졸업생인 아버지의 남다른 애착때문이기도 했지만, 진짜 이유는 다른데 있었다. 결혼을 했기 때문이었다. 재학 중에 이미 가정을 이룬 가장으로서 계속해서 학비를 아버지께만 기댈 수는 없는 노릇이었다. 게다가 자신의 서울 학비에다 조금만 더 보태면 동생 신정까지 공부를 시킬 수 있다는 장남으로서의 깊은 속셈도 있었던 것이다.

계성학교로 전학하기에 앞서 1925년 여름, 신명은 아버지가 목회를 하고 있는 풍기의 성내교회를 찾았다. 구태여 이번 여름 방학은 풍기에서 보내라고 부모님이 강권하신 까닭이었다. 그들에게 이미 특별한 계획이 있었던 것을 신명은 알 턱이 없었다. 마침 풍기교회에서 설립하여 운영하고 있던 영신학교에서 대대적인 음악회가 개최되어 특별히 성악에 자질이 있었던 신명은 자연스레 합창단에 참여하게 되었다. 음악회를 준비하는 동안 신명의 눈에 띈 것은 풍금 반주를 하고 있는 자태가 고운 여성이었다. 당시로서는 풍금을 연주할 수 있는 사람이 드문 때였으니, 그녀가 신명의 눈길을 끈 것은 당연했다. 그녀는 황해도 신천 태생으로, 정신 여학교를 졸업하고 풍기교회가 운영하는 영신학교(永信學校)에서 교사로 근무하고 있는 이영신(李永信)이라고 했다.

음악과 신앙을 이야기 할 때면 그들은 시간 가는 줄 몰랐다. 이윽고 음악회에서는 둘이서 이중창을 할 만큼 가까워졌다. 그러나 그들이 서로 맞춘 화음과 호흡은 노래 뿐만은 아니었다. 그들은 그렇게 기쁨과 감사의 기도로 자신들의 삶을 노래하며 서로가 서로에게 조금씩 맞춰어가기 시작했던 것이다. 그들은 자신들의 삶이 합창을 할 때처럼 늘 새로워지기를 기도했다. 합창을 위해 무대 위에 설 때처럼 그런 진지한 모습으로 삶의 무대에 서게 해 달라고 기도했다. 합창을 할 때처럼 이기심을 버리고 절제하는 기쁨으로 매일을 살게 해 달라고 기도했고 합창을 할 때처럼 다른 사람들을 존경하고 그들의 소리와 행동에 귀 기울이는 사랑의 인내를 실천하게 해달라고 기도했다. 합창을 할 때처럼 틈새의 침묵을 맛들이면서 때를 기다릴 줄 아는 겸손을 배우게 해달라고 기도했으며, 그리고 무엇보다 즐겁게 노래하는 마음으로 삶의 길을 걷게 해달라고 간절히 기도했다. 누가 보더라도 아름다운 한 쌍이었다. 1927년 1월 4일, 하늘에는 눈꽃이 휘날리고 있었다. 신명은 한 해 연상인 이영신과 결혼식을 올렸다. 이영신은 18세, 신명은 17세였다.

남달리 학교를 많이 옮겨 다닌 신명에게 친구를 사귀는 일은 쉽지 않았다. 그러나 계성은 마치 그를 고향에 온 것처럼 따뜻하게 맞아 주었다. 여기서 만난 신태식과는 일생동안 깊은 우정을 나누며 서로가 정신적으로 존경하며 의지하는 사이가 되었다. 인생에 대해 토론하기를 즐기던 둘은 자연스레 의기투합했다. 운동을 좋아해서 기계체조를 빼고는 해 보지 않은 게 없을 정도였고, 모든 구기 종목에서는 항상 주전을 맡을 만큼 실력도 뛰어났다. 동생 신정과 함께 지내게 된 것도 큰 힘이 되었다. 지금은 아버지가 풍기의 성내교회에서 목회를 하고 있지만 그들이 추억하는 곳은 여전히 천본리와 내매교회였다. 그곳에 남아있는 일가친척들과 친구들에 관해 때로 둘은 밤새워 애기꽃을 피우곤 했다. 양날 썰매를 타고 놀던 일, 동네 앞 저수지에서 고기를 잡던 일 등, 친구들과 함께 지냈던 어릴 적 이야기는 지치도록 해도 끝이 없이 즐거웠다. 계란을 팔아 아낀 돈으로 형제가 간혹 사먹은 간식은 대구 칼슘 센베이라고 하던 일본식 전병이었다. 넉넉지 못한 형편이었지만 형제의 우애는 유달리 돈독했다.

계성학교는 그야말로 신명의 삶이 정신적으로나 육체적으로나 성장의 터전이 된 곳이었다. 계성학교는 언덕바지나 매한가지인 제법 높다란 곳에 터를 잡고 있었다. 북쪽 끝의 언덕 끝자락에 서문시장이 닿아있던 탓에 그곳은 사람들의 왕래가 제법 많았다. 남쪽을 바라보면 비슬산 자락이 손에 잡힐 듯 확 트인 전경으로 펼쳐졌다. 동쪽으로는 나지막한 동산 위에 선교사들이 사는 양옥집들이 이국적 냄새를 물씬 풍기며 서있었다. 그 산을 넘으면 옛날 대구 읍성 터에 도시가 들어서 있었다. 캠퍼스는 작지만 아름다웠다. 아담스관과 맥퍼슨관으로 올라가는 길 좌우에 남북으로 세워진 기와집 두 채가 기숙사였다. 아담스관으로 통하는 길은 신명이 매일같이 왕래하던 길이기도 했다. 덩굴손이 더 이상 뻗어나기도 지친 가을 무렵이면 기숙사 담장은 온통 붉게 물든 담쟁이로 요란했다. 기숙사에서는 밤낮으로 찬송가 소리가 끊이지 않았다. 기숙사를 지나 캠퍼스 언덕을 오르내릴 때마다 신명의 눈길은 자연스레 아담스관 입구 동판에 새겨져 빛나는 활자에 가 머무르곤 했다.

'寅畏上帝智之本(인외상제지지본)'

신명은 글자 하나하나가 가슴에 인(印)처럼 새겨지는 기분이었다. 계성학교가 교훈으로 삼은 "여호와를 경외함이 지식

당시 계성학교의 기숙사는 아담스관으로 올라가는 길 좌우에 남북으로 세운 기와집 두 채였다.
14칸의 건물에 최대 60명을 수용할 수 있었다.
기숙사비는 매월 쌀 4말과 반찬값 80전이었다.

의 근본이니라"고 하는 구약성서 잠언 1장 7절은 실로 신명의 일생을 사로잡은 성구(聖句)로 남아 있었다.

그 시절 현거선(Harold H. Henderson; 玄居善) 교장과의 만남은 신명의 일생에 또 하나의 전환점이 되었다. 1920년에 계성의 4대 교장으로 취임한 그는 선교사이면서도 그는 한국의 정치와 사회적 현실을 직접 체험하면서 누구보다도 교육에 힘을 쏟았다. 선교와 교육은 별개일 수 없다는 사명감을 가졌던 그는 마치 한국을 위해 태어난 사람처럼 살았다. 일제에 대해서는 간섭을 용납하지 않으며 부당한 압박에 대담하게 저항했다. 철저히 한국인 학생들의 방패 노릇을 하면서도 학생들이 가야할 길을 명백히 제시해주는데 정열을 불살랐다. 학생들과 한국민족을 위해 눈물로 기도하는 그의 모습은 신명을 감동시키기에 충분했다.

형설지공(螢雪之功)! 반딧불과 눈을 빛 삼아 밤새 책을 읽었다는 고사(故事)와 마찬가지로 신명은 닭을 키우면서도 정작 중요한 공부나 인격을 수양하는 데도 게으름을 피우지는 않았다. 특히 아담스관과 맥퍼슨관 사이에 또 하나의 교사(校舍) 건립을 시작했을 때, 신명을 비롯한 학생들은 자발적으로 나서서 기초 공사를 도왔다. 비록 상부 공사는 중국인 기술자들과 일본인 목수들이 담당했지만, 붉은 벽돌로 지어진 이층

계성학교 **헨더슨 기념관**

건물이 르네상스적 분위기의 위용을 나타낼 때까지 신명은 노동의 신성함을 몸으로 익혔다. 그러나 무엇보다도 중요한 것은 건축과 마찬가지로 삶을 위한 기초가 얼마나 중요한지를 배운 것이다. 신명이 졸업한 다음 해인 1931년에 완공된 이 건물은 나중에 헨더슨 기념관이라고 이름이 붙여졌다. 계성의 가르침은 그의 일생을 받쳐주는 튼튼한 기초가 되었고, 몸과 마음이 기댈 수 있는 고향이기도 했다.

4 신이 내게 묻는다면

어떤 신이 무심중에 와서 내게 묻기를 너는 무엇을 하느냐 할 때에 나는 아무것을 하노라고 서슴치 않고 대답할 수 있게 하라.

신명은 열병을 앓고 있었다. 도산 안창호 선생의 연설문 「청년에게 고하는 말」[3]이 신명의 가슴에 뜨거운 불을 지펴놓은 것이다.

"나는 장차 무엇을 하는 사람이 될 것인가?"

잠을 설치며 자문해도 뚜렷한 답은 나오지 않았다. 책을 뒤지며 밤을 하얗게 새우고 나더니 어느새 신명은 도산 선생의

3) 1925년 1월 23일부터 26일까지, 『동아일보』에 네 차례에 걸쳐 연재되었으나 26일자는 전문이 삭제되고 말았다. 그러다『동광』잡지가 나머지 글까지 다시 연재했던 도산의 연설문이다.

말씀을 줄줄 외고 있었다.

> 옳은 목적을 세운 뒤 낙관론을 갖고 실천할 것이며, 민족이 처한 상황을 불평시하지 말고 상호부조의 정신으로 민족을 구할 것이고, 대한사회의 주인의식을 가질 것이며, 합동만이 살길이며 분리하면 죽을 것이며, 유정한 사회를 만들기 위해 서로를 존중해야 한다.

「청년에게 고하는 말」은 당시 강신명뿐만 아니라 광야와 같은 척박한 이 땅에서 살아가는 젊은이들의 가슴을 두드리는 외침이었다. 하나님과 이 나라와 이 민족을 위해서 해야 할 일은 무엇인가? 목사가 되는 것은 김익두 목사를 만난 이후로 여전히 그의 꿈으로 남아있었다. 뿐만 아니라 아버지 강병주 목사를 비롯하여 집안 식구 모두가 신명이 장차 목사가 될 것이라는데 추호도 의심하지 않았다. 그러나 시간이 갈수록 신명의 생각이 더욱 복잡해졌다.

"신과 인간의 관계가 신앙으로 이루어진다면, 그 신앙이 형태를 갖추고 드러나는 곳이 인간과 인간의 관계가 맺어지는 사회가 아닐까?"

저잣거리에 나가 인간세사를 겪어보지도 않고 하나님을 모르는 사람들을 개종시킨다는 게 너무 무모하다는 생각마저 들었다. 게다가 일본의 폭력 앞에서 기독교는 한없이 무기력했

어떤 신이 무심중에 와서 내게 묻기를 너는 무엇을 하느냐 할 때에
나는 아무것을 하노라고 서슴치 않고 대답할 수 있게 하라.

도산 안창호

다. 현실을 극복할 힘을 주지 못하면서 내세만을 강조한다면 그것은 무책임한 현실도피에 다름없다고 생각했다. 한마디로 그가 경계한 것은 맹목적인 신앙이나 등 떠밀려 내리는 선택이었다.

"확신이 설 때까지 함부로 신학을 선택할 일은 아니다. 아무렇게나 결정할 일은 아니지 않은가?"

신명은 입술을 꼭 깨물었다.

학교는 12월 20일을 전후하여 성탄 축하 예배를 드린 다음 학생들을 서둘러 고향으로 돌려보냈다. 방학 중에는 각자가 속해있는 고향의 교회를 섬기란 뜻이었다. 세(勢)가 약한 시골 교회일수록 이럴 때 고향을 찾는 학생들은 큰 힘이었다. 따라서 그들이 돌아오기를 기다렸다가 축하 행사를 준비하는 일이 흔했다. 신명과 신정 역시 계성학교 재학 중의 그런 마지막 겨울방학을 맞아 부모님이 계시는 풍기로 내려온 것이다.

당시, 일제는 음력을 버리고 양력을 사용할 것을 명령했다. 비록 공휴일로 지정된 것은 아니었으나, 그들이 당시에는 기독교에 굳이 반감을 드러낸 것도 아니어서 크리스마스는 자연스럽게 기독교인들의 기념일이 되었다. 그때는 이미 조선 구세군의 자선활동도 사람들에게 알려져 있었으며, 1924년 12월 25일 『매일신보』에는 "허옇게 쌓인 눈 속으로부터 빨강 덧저

고리를 아해처럼 입은 산타크로스가 아이들을 찾아온다"라는 기사가 실릴 정도였다. 기독교인들에게 크리스마스는 차츰 지금과 같은 명절의 형태로 서서히 자리 잡고 있었다.

오랜만에 부모님을 찾은 형제는 아침부터 분주했다. 크리스마스 새벽에 떡국을 끓여내려는 어머니를 도와 신명과 신정은 부엌 아궁이에도 쓸 겸, 아침나절 내내 땔감을 준비하고 있었다. 겨울산은 멀건 민둥산이 대부분이었지만, 산 속으로 조금만 깊이 들어가면 소나무 장작거리가 흔했다. 새벽송을 도는 학생들과 청년들에게 뜨끈뜨끈한 떡국 한 그릇씩이라도 먹이려면 떡가래든 장작가리든 넉넉하게 준비할 필요가 있었다. 연기도 없이 불길이 아궁이에서 방고래로 잘도 들고 있었다. 군불아궁이 곁에다 갈빗단을 쟁이고 있던 신정이 불쑥 생각난 듯 물었다.

"형님은 목회자가 되려는 게 아니오? 내년이면 계성학교를 졸업하는데 바로 평양신학교에 입학하시겠구려?"

신명은 동생의 갑작스런 질문에 적잖이 당황했다. 지난 몇 달 동안 신명은 진학문제로 얼마나 많은 고민을 하고 있었던가? 신학교보다 숭실학교를 염두에 두고 있었던 자신의 계획이 탄로라도 난 양 신명은 가슴이 뜨끔했다.

"신정아, 사실 마음을 아직 굳힌 것은 아니야. 목사도 좋지만 교사가 되고 싶은 마음도 커. 회사원도 괜찮을 것 같고."

대답을 하면서 신명은 다소 우물쭈물했다. 벌겋게 타오르는 아궁이 속 불길 탓인지 얼굴이 화끈거렸다. 그는 당당하지 못한 자신의 태도에 새삼 화가 났다. 그러나 신명은 여태도 자신의 소명을 확신할 수가 없었다. 사실 그의 학적부 진로희망란에는 언제든지 첫째 교사, 둘째 회사원, 셋째 신학으로 채워져 있었다. 세상에 나가서 마음껏 뜻을 펼치고 싶은 염원이 그만큼 컸던 것이다. 그러나 목회자의 길을 예비해 놓으신 하나님 뜻으로 말미암아 그는 더욱 크게 열병을 앓았다. 그렇다고 해서 신명이 평양신학교를 포기한 것은 아니었다. 오히려 숭실이야말로 장차 신학 수업을 위한 디딤돌이 될 수 있을 것이라고 스스로 위로했다. 그러나 그가 숭실에 입학하기까지의 과정이 결코 순탄치만은 않았다. 가장 큰 장애물은 집안의 경제적인 여건이었다. 계성을 졸업할 무렵 아버지 강병주 목사가 시무하던 풍기성내교회에서 받는 수고비는 매월 90원이었다. 할아버지와 할머니까지 모시며 삼대(三代)가 한 집안에서 살고 있었던 것이다. 이런 형편에 장남인 자신이 평양에 있는 숭실로 유학을 떠난다는 것은 불가능한 일이었다. 게다가 아들이 신학을 공부할 것으로 철석같이 믿고 있는 부모님의 입장에서 생각해보면 신학교가 아닌 숭실로 진학하는 것은 자신만의 욕심일 수도 있었다. 집안 형편을 생각하면 몇 년 동안이라도 돈을 벌어 신학교 학비를 준비해야 마땅했다. 그러나 아들의 고민을 보다 못한 아버지가 그 당시 돈 70원을 어렵게 마련해 주었다.

"너도 알다시피 내가 책임져야할 자식이 네 밑으로만 다섯이다. 네가 숭실에서 해보고 싶은 공부가 따로 있다는 걸 알지만 내가 선뜻 밀어주겠다고 말 할 수 없었던 게 그래서다."

"알고 있습니다, 아버지. 그리고 면목이 없습니다."

"그러니 어쩌겠느냐. 이 돈은 내가 네게 줄 수 있는 처음이자 마지막 돈이다. 이 돈을 가지고 네 앞길을 찾아 보거라."

1930년 2월 하순, 우수한 성적으로 계성을 졸업한 신명은 사학의 명문이자 일제 강점기 때 지성인의 산실이며 애국지사들이 향학열을 불태우던 평양 숭실전문학교 영문과에 입학하였다. 숭실은 1897년 미국의 베어드 선교사가 설립한 미션스쿨이었다. 아내 이영신과 함께 평양행 기차에 몸을 실었다. 우여곡절 끝에 결정된 일이기는 했으나 기적소리는 높고 힘찼다. 그들이 탄 기차는 먼 데 풍경을 가까이 끌어놓았다가 되돌려놓기를 반복했다. 현실이라는 차창을 통해 미래를 내다보는 신명의 심장도 그 속력만큼이나 빠르게 뛰고 있었다. 그러나 기쁜 마음에 밤잠을 설친 것도 잠시, 신명에게 숭실에서의 삶은 팍팍한 나날의 연속이었다. 자신의 학비를 직접 벌어야했을 뿐만 아니라, 아내까지 거느린 가장으로서 한 가정을 이끌

어간다는 건 결코 쉽지 않았다. 신명은 인쇄소에서 프린트 하는 작업을 비롯해 닥치는 대로 일을 했다. 다행히 아내도 선교부에서 운영하는 특수학교의 교사로 취직이 되어 겨우 안정된 생활을 꾸리게끔 되었다. 그런 가운데 두 사람은 결혼 후 4년 만에 딸 석렬(錫烈)을 얻었다. 처음으로 생명을 얻어 품안에 안게 된 것은 감격스런 일이었다.

숭실에서는 신명을 기다리고 있는 사람이 있었다. 사무엘 마펫(Samuel A. Moffet) 선교사였다. 마포삼열(馬布三悅)이라는 우리말 이름으로도 불렸던 마펫은 평양장로회 신학교의 교장과 평양 숭실전문학교 교장을 지냈던 사람이다. 그는 단순히 책상머리에 앉아 성경책이나 읽고 기도만 일삼는 사람은 아니었다. 무엇보다 그는 신사참배를 반대하는 운동의 중심에서 있던 인물이었다. 또한 1912년 '105인 사건'을 목격한 후, 이 사건이 사실무근의 날조사건이며 고문 등 비인도적 방법이 자행되고 있음을 당시의 조선 총독 데라우치 마사타케(寺內正毅)에게 강력히 항의하기도 했던 사람이다. 실제로 '105인 사건'이란, 도산 안창호에 의해 미국에서 조직된 독립운동 단체인 신민회를 파괴하고, 평양을 중심으로 형성된 기독교 세력을 제압하고자 일제가 꾸민 사건에 불과했다. 마펫 선교사는 미국의 장로회 본부에도 일제의 만행을 소상히 보고하여 국제

여론을 환기하는 데 힘썼다. 일제는 마펫 목사를 '정치적인 혼란을 은밀히 조성하는 무리의 괴수'로까지 지칭했었다.[4] 그에 대한 일제의 미움이 얼마나 극심했는지를 짐작할 수 있는 대목이다. 1922년 '세계장로회동양선교대회'에서 마펫이 연설한 내용을 전해들은 청년 신명은 이미 그를 마음의 스승으로 모시고 있었다.

> 한국 사람은 평화와 자유를 지극히 사랑하는 민족입니다. 그들은 민족의 자유를 누릴 수 있는 독립을 찾기 위해서 죽음도 돌보지 않는 의롭고 용감한 민족입니다. 내가 직접 체험한 3·1운동에서 조선민족은 불사조와 같이 용감하게 싸웠습니다. 일본 관헌이 창으로 찌르고 총으로 쏘아 쓰러뜨렸지만 그럴수록 전 민족이 단결해서 전국방방곡곡에서 남녀노소가 불길같이 일어났습니다. 교인들은 조금도 위축되지 않고 더욱 신앙을 굳게 하고 전도에 힘쓰고 있습니다. 이런 민족이 축복을 받지 못하면 누가 축복을 받겠습니까?

신명은 계성학교에서 배운 뛰어난 영어 실력을 인정받아 마펫 선교사의 통역을 도우며 따라다녔다. 훌륭한 스승을 모신다는 것은 행운이었다. 신명이 처음 마펫 선교사를 만났을 때,

---

4) 『조일신문』(朝日新聞) 1919년 3월 17일

베어드와 **마펫** 선교사

그는 이미 일흔을 바라보는 나이였다. 그러나 그가 보여준 한국민족에 대한 애정, 그리고 목숨조차 두려워하지 않는 선교에의 열정은 신명이 장차 가야할 길을 미리 보여주는 듯 했다.

5 마음의 노래, 영혼의 노래

브론테 자매의 소설들로는 샬로테의 『제인에어』, 에밀리의 『폭풍의 언덕』, 앤의 『아그네스 그레이』가 있는데, 이 모두가 1847년에 출판되었습니다. 이 시대는 영국 소설사상 가장 화려했던 때라고 할 수 있습니다……."

알아듣기 힘든 영문학 수업 시간인데다가 막 점심을 먹고 난 터라 비몽사몽을 헤매는 학생들이 꽤 여럿이었다. 그러나 교수님은 아랑곳하지 않고 강의를 계속했다. 고개를 숙이고 무엇엔가 정신없이 열중하던 신명의 옆구리를 쿡 찌르는 손길이 있었다.

"어이, 신명!"

옆 자리에 앉아있던 학우가 손으로 자신의 입을 가린 채 속삭였다.

"대체 무얼 하는 게야?"

궁금증을 이기지 못한 학우가 고개를 기웃이 빼서 신명의 공책을 들여다보았다.

"으응! 또 작곡을 하는 겐가?"

고개를 끄덕이긴 했지만 평소에도 신명이 곡 쓰는 걸 자주 본 터라 그럴 줄 알았다는 듯한 표정이었다. 문학시간에는 음악을 생각하고, 음악시간에는 문학을 꿈꾸는 그가 예사로 보이지 않았을 뿐이었다. 학우가 보기에 신명은 음악에 남다른 자질과 취미가 있는 사람이었다. 그에게는 예술적 천재성마저 숨어있어서 그 천재성이 때로는 번뜩이는 영감과 함께 작품으로 나타나는 것을 줄곧 지켜보던 터였다. 신명이 작곡을 하게 된 데는 말스베리(Dwight R. Malsbary; 馬斗元) 교수의 영향이 컸다. 마펫 선교사에 이어 말스베리 선교사는 신명이 숭실전문학교 재학 중에 만났던 두 번 째 스승이라고 할 수 있었다. 1928년에 내한한 말스베리 교수는 뛰어난 피아니스트로 당시 숭전의 음악 과장이었다. 그는 세상을 감성으로느끼고 이해할 수 있게 해준 분이었다. 그리고 무엇보다 음악이란 하나님을 찬양하는 도구로 쓰일 때 가장 아름다울 수 있음을 가르쳐준 사람이었다. 뿐만 아니라 말스베리 교수의 악보 정리를 돕는 근로학생으로서의 경험은 신명으로 하여금 음악과 더욱 가깝게 했다.

"신명군, 음악은 아름다운 것입니다. 그러나 하나님을 찬양하는 마음이 없으면 아무리 예쁘고 멋진 소리도 그저 음향 효과에 불과합니다."

음악은 지식 전달에 효과적일 뿐만 아니라 감성을 발달시키는 데 최선의 방법이라는 것, 그리고 그것은 하나님의 나라를 전파하는 가장 적절한 도구라는 것이 음악에 대한 숭실의 교육관이었다. 때문에 숭실은 특별히 전공학과를 설치하지 않았음에도 불구하고 한국 음악계를 개척하고 지도해온 음악의 선구자를 다수 배출할 수 있었다. 작곡가이자 합창 음악을 개척한 박태준(1900-1960)이나 「가고파」의 작곡자인 김동진(1913-2009)도 말스베리 선교사에게서 음악을 배웠다. 신명은 말스베리의 수업에서 통역을 담당하면서 그에게서 화성악과 작곡법을 배웠다. 그것은 가히 전문가적인 수준의 음악 수업이었다. 뿐만 아니라 신명은 마치 영문학도이기 보다 음악학도인 것으로 생각될 정도로 음악활동에 적극적이었다. 졸업 후 전도사 생활을 하던 1936년 1월에는 김동진, 김세형(1904-1999)과 함께 평양합창협회를 조직하여 초대 회장을 맡을 정도였으니, 당시 음악은 그에게 모든 것이었다 해도 과언이 아닐 정도였다. 암울한 시대엔 함께 노래를 부를 수 있다는 것만으로도

크나큰 축복이었다.

8월 9일, 베를린에서 들려온 손기정의 올림픽 마라톤 우승 소식은 한국인 동포 모두를 열광케 했다. 올림픽이 세계평화를 위해서라기보다 강대국과 나치의 위상을 드러내기 위한 잔치에 불과했지만 말이다. 손기정을 비롯한 한국 선수들의 가슴에는 저주와도 같은 일장기가 벌겋게 붙어있었다. 제 나라를 잃고 남의 나라를 대표한 선수들은 괴로웠다. 하지만 그들이 달리 할 수 있는 일은 없었다. 남승룡 선수가 커버하고, 이어서 손기정 선수가 치고 나가는 작전은 주효했다. 시상대가 마련되고 손기정 선수와 남승룡 선수가 함께 단 위에 올라섰을 때 관중들의 눈앞에는 일장기가 높이 게양되고 일본국가 '기미가요'가 웅장하게 울려 퍼졌다. 금메달 수상자에게 주어진 미국산 참나무 묘목으로 손기정 선수는 슬며시 가슴의 일장기를 가렸다. 차라리 국적 없는 선수로 남고 싶어서였을까? 시상식 내내 그들은 굳게 입을 다문 채 고개를 들지 않았다. 그토록 어두운 표정의 우승자들은 그 이전에도 이후에도 세상에 다시없을 것이다. 손기정 선수는 모여든 외국의 취재진들을 향해 서툰 영어발음으로 한 마디 말만을 되풀이했다.

"아이 엠 어 코리언, 아이 엠 어 코리언……."

우승의 기쁨도 잠시. 나라를 잃은 설움과 아픔이 한꺼번에 몰려왔다. 신명은 김동진, 김세형 등 합창단 임원들과 함께 8

손기정 선수
금메달 수상자에게 주어진 미국산 참나무 묘목으로
그는 슬며시 가슴의 일장기를 가렸다.

월 15일에 합창협회가 주최하여 평양 '백선행기념관'에서 '백림 올림픽 손기정 마라톤 재패 기념 음악회'를 열었다. 사람들이 구름 떼처럼 몰려왔다. 1928년까지 평양에는 조선인이 집회를 열만한 공회당이 없었다. 부립 공회당은 사실상 일본인의 전유물이었기에 조선인은 실내에서 집회를 개최할 수 없었다. 백선행 기념관은 일찍이 남편을 잃고 오랫동안 과부로 지내며 거부가 된 여걸(女傑) 백선행이 6만5천원을 쾌척하여 지은 공회당이었다. 이 음악회는 1929년에 백선행기념관이 개관한 이래 최대의 행사가 되었다. 음악회의 열기는 뜨거웠다. 특히 마지막 앵콜 순서에는 신명이 작사한 「삼천리강산 금수강산 2천만 동포 만세 만세」와 남궁랑 작사, 권태호 작곡의 「조선아기의 노래」라는 노래를 모든 청중들이 따라 부르며 눈물을 흘렸다. 심지어는 임석했던 순사들까지 기립하여 열창을 했다.

음악회가 끝난 뒤 신명은 선천(宣川)으로 갔다가 그곳에서 일본경찰에게 곧바로 체포되었다. 합창대회 때 사용했던 곡들이 문제가 된 것이다. 독립을 부추기는 불온한 가사를 만들어 불법으로 배포했다는 죄목이었다. 결국 신명은 약식 재판에 붙여져 '출판법 위반'으로 벌금 30원을 선고 받았다. 당시 쌀 한 가마 값이 5원 안팎이었으니 상당한 돈이었다. 『한국독립운동사』가 기록하고 있는 당시의 판결문은 이러했다.

> 선천읍 소재 기독청년면련회 평북연합회와 선천기독교청년회 등 기독교계 각종 단체에서는 본년(本年) 6월 구단오절을 이용하여 불온 선전 삐라를 무허가로 출판하고 또 허가 없이 불온 창가를 인쇄 매도한 죄…….

그렇다고 해서 합창에 대한 그의 애착이 여기서 멈출 리 없었다. 교회연합성가대를 조직하여 여러 차례 헨델의 '메시아'를 연주하기도 했다. 오늘날도 웬만한 합창단이 아니면 감히 부를 수 없는 대곡이다. 서양음악이 이 땅에 전해진지 얼마 되지 않은 당시에, 그것도 아마추어 음악가들에 의해 그런 곡이 불려 졌다는 것은 놀라운 일이 아닐 수 없다. 사실, 신명은 중학교 시절부터 유난히 클래식 음악을 좋아했다. 변성기 시절에, 구하기 힘든 세기의 테너 스테파노나 황금의 트럼펫이라 불리던 마리오 델 모나코 같은 이태리 성악가들의 음반을 구해 유성기를 틀어놓고 마음껏 소리 지르며 따라 부르곤 했었다. 허나 그 전문가들처럼 고음역을 마음대로 넘나들기가 어디 그렇게 쉬운가. 전문적인 훈련도 없이 무리하게 그들을 흉내 내다가 그만 성대를 다치고 말았다. 그렇게 해서 허스키 목소리를 갖게 된 신명은 목사로서 강단에 서서 찬양을 할 때 곧잘 베이스로 화음을 조절해가면서 불렀다. 나중, 목사님의 목소리는 마치 저음의 첼로 소리 같았다고 교인들은 회고한다.

강신명 목사의 찬양은 언제나 그의 영혼 저 깊은 데서 울려나오는 듯 했다.

신명은 많은 동요들도 작곡을 했다. 강소천의 「보슬비」 「봄비」 「호박꽃 초롱」 「따리아」 「봉사꽃」 「눈나리는 밤」 「오동나무 열매」와 윤석중의 「우리애기 행진곡」 윤복진의 「참새발자욱」 「송아지 팔러가는 집」, 그리고 최수복의 「자장가」 「새서방 새색시」 「고향생각」 등이 그것이다. 특히 고택구가 가사를 쓴 「한숨」이란 곡은 1932년 조선중앙일보 신년현상동요 대회에 응모하여 1등으로 당선되기도 했을 정도이니 그의 음악적 재능은 상당한 수준이었다.

풋나무로 죽쑤는 우리 집 연기 무엇 그리 좋아서 뜀을 뛸가요
무엇 그리 깃뻐서 춤을 출가요 연기초불 춤추고 뜀을 뛰는대
쓸쓸한 우리 방에 켜놓은 초불 압바엄마 무슨 일로 한숨쉴가요

곡은 단순하지만 가사는 사뭇 애절하다. 촛불도 연기도 저리 기뻐 춤을 추는데, 어찌하여 아빠 엄마는 한숨만 짓고 있느냐는 아이의 투정이고, 절망하고 있는 부모에 대한 위로이기도 하다. 가난하고 소박한 일가족의 노래인가 하면 절망에 빠져 지친 몸을 가누지 못하는 세상을 드러내는 노래이기도 하

강신명, 『아동가요곡선 300곡』

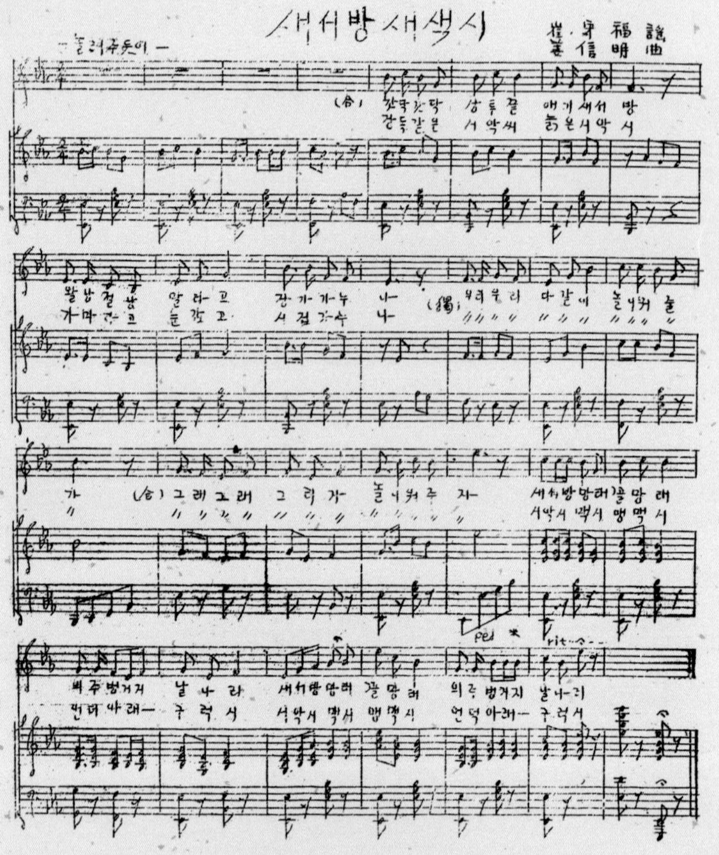

강신명,『아동가요곡선 300곡』

다. 최수복의 시에 곡을 붙인 「새서방 새색시」란 노래는 다음과 같다.

(합) 갓닥갓닥 상투끝 애기 새서방
왈낭절낭 말타고 장가가누나
(독) 우리우리 다같이 놀리워줄가
(합) 그래그래 그러자 놀리워주자
새서방 망태 꼴망태 메주벙거지 날나리

(합) 장독같은 시악씨 늙은 시악시
가마타고 눈감고 시집가누나
(독) 우리우리 다같이 놀리어주자
(합) 그래그래 그러자 놀리어주자
시악시 맥시 맹맥시 언덕아래 구러시

이 곡에는 '놀려주듯이'라는 주문이 붙어있다. 아직 조선시대의 조혼 풍속을 그대로 보는 듯하다. 어제까지만 해도 같이 뛰어놀던 어린 친구가 상투를 매고 장가를 가는 모습은 엄숙한 축하의 대상이기 보다는 놀림의 대상이다. 누나 같은 연상의 신부는 '늙은 시악시'로 보일 수밖에 없다. 민요의 기본 구조가 그러하듯이 독창과 합창을 이용하여 매기고 받는 형식을 취한 것도 흥미롭다. 강의하는 교수의 눈을 피해 몰래 작곡했다는 이 곡은 방방곡곡에 메아리쳐 퍼졌다. 한때 선명회 어린이합창단 지휘자였던 고 장수철 선생은 이 곡이 실렸던 작곡집에 관해서 이렇게 회고 했다.

저는 우연한 기회에 강신명 작곡집 「새서방 새색시」를 한 권 구하게 되었습니다. 순수한 아동가요를 찾을 수 없었던 당시, 저는 베이비 오르간을 치면서 거기에 실린 30곡을 다 불러보았습니다. 얼마나 불렀던지 책이 다 낡아 떨어질 정도였지요.

6 부르는 소리

1934년, 숭실의 영문과를 졸업했지만 신명이 벌인 하나님과의 씨름은 승부가 나지 않았다. 그는 여전히 신학에 대한 자신이 없었다. 아내와 딸을 거느린 가장으로서 경제적인 책임감도 있었기에 신명은 우선 자그마한 회사에 취직을 했다. 신입사원으로서 업무를 익히기에 바쁜 와중에 예기치 않았던 전화벨 소리가 울렸다. 아버지 강병주 목사였다.

"네가 왜 거기에 있는지 모르겠구나. 내 아들이 있어야 할 곳이 신학교지 회사가 아니지 않느냐?"

수화기 너머에서 들려오는 아버지의 부르는 소리는 나지막했지만 단호했다. 그 소리는 마치 에덴동산에서 "아담아, 네가 어디 있느냐?"라며 자신의 피조물인 인간을 향해 호령하던 하나님의 엄한 질책만 같았다. 신명은 망치로 머리를 세게 한 대 맞은 것 같은 느낌이었다. 지난 몇 년간 신학 수업을 두고 망설이며 고민했던 일들이 화면에 비치는 영사기 필름처럼 빠르게 돌아가더니 일순간에 멈추고 암전 상태가 되었다. 수화기를 내려놓은 신명은 한참 동안이나 멍하니 서 있었다. 그렇다. 그는 분명히 거부할 수 없을 만큼 강력하고 애절한 목소리를 들었다. 목회야말로 자신에게 주어진 길이자 사명임을 몰랐던 것은 아니었지만, 신명에게 비로소 확고한 소명으로 찾아온 것은 마치 번개가 뇌리를 치고 지나간 듯 그 한 순간이었다.

잠깐 동안의 외도 끝에 신명은 드디어 평양신학교에 입학했다. 목회자가 되기 위한 길에 본격적으로 들어선 것이다. 숭실을 졸업하고 평양신학교에 입학한 학생들은 자질이 우수했다. 그들은 학구적이고 활동적이었으며 상당히 진취적인 사상을 가진 그룹이었다. 그 중에서도 신명은 단연 눈에 띄는 수재였다. 영문학을 전공한 학생답게 이미 영어에 능통했던 그는, 조직 신학을 비롯한 모든 과목에서 뛰어난 성적을 거두었다. 그러나 신학은 목회현장에서의 실습도 겸해야 하는 학문이다. 신명은 1936년 1월부터 평양 서문밖교회의 주일학교 조사로 교역을 시작했다. 전도사 일은 학비를 벌 수 있는 기회이기도 했다. 신명은 그곳에서 주로 어린이 노래 지도와 찬양 지휘를 비롯해서 아동부와 청소년을 지도했다. 뿐만 아니라 선천의 기독청년면려회를 지도하며 하기 수련회와 관서 기독청년수련회 등을 이끌기도 했다. 그해, 주기철 목사가 이웃 평양산정현교회 담임목사로 부임했다. 강신명을 비롯한 평양신학교 학생들 모두 그의 부임을 진심으로 기뻐했다. 주기철 목사는 이미 여러 차례 평양신학교의 사경회 강사로 방문해서 학생들에게 불길 같은 신앙심을 불러일으켜 준 장본인이었기 때문이다. 주기철 목사의 부임은 신사참배를 반대하는 운동에 산정교회와 평양신학교가 자연스럽게 힘을 모을 수 있는 기회가 되었다. 한민족 말살 정책 중 하나였던 신사참배를 일본이 거론하기 시작한 것은 이미 1920년대 부터였다. 1937년 7월, 중일전쟁이 발발하자 일본은 그동안 보류했던 미션계 학교에도 신사참배를 강요하기 시작했던 것이다.

> 신사참배는 십계명의 제1계명과 같이 여호와의 이름에 대한 범죄요 하나님께 대한 배신이다! 선지자 예레미야는 자기의 조국 유다가 망하는 것을 보면서 눈물 흘리며 회개하라고 목청이 터져라 외쳐댔는데, 오늘의 여러분들은 왜 현세의 권력에 아부만하고 일본의 태평성대를 찬양하며 눈물은커녕 오히려 이 사악한 시대와 어두운 현실에 아첨만 하고 있는가? 세례 요한이 죽을 것을 두려워하지 않고 동생의 아내와 간통한 헤롯왕을 책망한 것을 모르는가? 죽을 각오로 할

주기철 목사
일제 강점기에 신사참배 강요에 불응하였다가
10년형을 선고받아 복역 중 고문으로 별세하였다.

말을 다하였고, 그 죽을 각오를 통해 선지자의 권위가 섰던 것이다. 그런데 오늘날 목사님들은 왜 강단에서 하고자 하는 말을 못하는가? 몰라서 말을 못하는가. 알고도 모른 채 하는 것인가. 왜 벙어리가 되어 떨고만 있는가?

주기철 목사의 설교는 신명을 비롯한 신학생들에게 커다란 도전이었다. 급기야 며칠 전 평북노회가 신사참배를 찬성 결의했다는 소식을 듣고 분개한 학생들이 웅성대기 시작했다. 학생들은 당시 평북노회장이었던 김일선 목사가 몇 해 전에 평양신학교를 방문하여 기념식수한 소나무를 도끼로 찍어버리고 말았다. 신사참배를 반대하는 데모는 이렇게 시작되었다. 일련의 사태를 일본 경찰이 그냥 보고만 있을 리 없었다. 그들은 데모에 참가한 신학생들을 모두 체포하여 평양 남산경찰서에서 혹독한 고문을 가했다. 그리고 배후에서 주동한 인물이라며 결국 주기철 목사마저 구속하고 말았다. 마침내 학교는 폐교에 이르고 말았다. 1938년 3월, 평양신학교는 신명을 비롯하여 감옥에서 풀려 난 계일승, 김양선, 손양원 등 41명의 학생들이 흘리는 눈물 속에서 마지막 졸업생을 배출했다. 33회 졸업생들이었다. 졸업은 했으나 모교는 잃어버린 것이다. 그러나 신명에게는 또 다른 부름이 예비 되어 있었다.

강신명이 동사(同事)목사로 간 첫 번째 임지는 선천남교회였다. 동사목사라 함은 요즘의 부목사직에 해당한다. 그때 강신명 목사의 나이 패기만만한 20대로 8월에 열린 제 54회 평북 노회에서 목사안수를 받은 직후였다. 1938년 양옥으로 건축해서 헌당한 선천남교회는 당시로서는 전국에서 제일 큰 교회당이었다.

"목사님, 이제 막 도착했습니다."

"그래, 강 목사 어서 오시게."

두어 달 전에 회갑을 맞은 김석창 목사가 자리에서 일어서며 강신명에게 손을 내밀었다. 그런데 반가운 마음과 달리, 손을 내미는 그의 몸은 몹시 불편해 보였다. 하기야 김석창 목사는 감옥을 자기 집 안방 드나들듯 했던 분이니 건강 상태는 짐작이 가고도 남았다. 그는 3·1운동에도 직접 가담했을 뿐만 아니라. '105인 사건'과 선천 경찰서 폭파 사건에도 연루되어 3년의 옥고를 치룬 바 있었다. 특히 그 때 받은 심한 고문으로 김석창 목사는 혼자서는 제대로 옷을 입지 못할 정도였다. 민족을 위해 피 흘리기를 두려워하지 않았던 분이었다.

"이렇게 힘든 때 와주시니 내가 얼마나 든든한지 모르겠소."

"아직도 일본 경찰의 발길이 끊이지를 않는다지요, 목사님?"

"그렇소. 어제는 끝끝내 범인이 잡히지 않으면 정문에 대포를 갖다 놓고 아예 예배당을 한 방에 무너뜨리고 말겠다고 협박을 하더군요."

최근에 또 한 번 세상을 떠들썩하게 했던 '일장기 사건'을 두고 하는 말이었다.

일제는 각 교회마다 일장기를 걸어 놓고 누구든 강단에 오를 때마다 거기에 경례를 하라고 강요했다. 새로 지은 남교회도 흉물스럽지만 어쩔 수 없이 일장기를 걸어야만 했다. 그런데 어느 날 밤, 이 일장기가 누군가에 의해 몰래 치워져버린 사건이 발생한 것이다. 일본 경찰은 발칵 뒤집혔고 범인을 찾기에 혈안이 되었다. 그 과정에서 김석창 목사와 교인들이 당한 고초는 이루 말할 수 없었다. 그러나 끝내 누가 그런 일을 벌였는지는 밝혀지지 않았다. 알고 있다한들 알려줄 목사나 교인들도 아니었다. 때문에 바싹 독이 오른 일본 경찰이 대포를 발사하겠다는 둥 살벌한 협박까지 하고 나선 것이다.

선천은 경의선 철도가 부설되고 모든 교통이 철도를 의지하게 되자 각광을 받는 신도시로 이름이 알려졌다. 뿐만 아니라 선천을 비롯한 평양, 의주 등 서북지역은 기독교 혁명시대를 맞고 있었다. 기독교인들의 영적 각성운동이 서북지역에 저변확대되면서 평양은 한국교회를 이끄는 중심세력으로 발돋움했다. 서북지역의 교세가 이처럼 놀랍게 성장했던 이유는 그 당시 북부 사람들은 남부 사람들보다 더 적극적이었고, 자립적 중산층이 주를 이루어 식자층도 많았기 때문이었다. 한편으로는 청일전쟁의 발발로 이 지역 사람들의 심성이 가난해질 대로 가난해지면서 복음을 받아들이기에 가장 적합한 토양으로 다듬어진 덕분이기도 했다. 관서지방에 놀라울 만큼 복음이 확산됨에 따라, 평양 지역 선교를 주도하던 휘트모어(Norman C. Whittemore; 魏大模) 선교사가 평양에서 선천으로 주거지를 정했다. 게다가 평양신학교 1회 졸업생으로 전도의 최전선에 서 있던 양전백 목사가 선천읍으로 이주함으로 말미암아 선천읍은 그야말로 기독교의 중심지가 되었다. 2만의 인구와 4천여 호의 소읍에 미국 선교사들이 찾아들어 학교나 병원을 세웠고, 부자들이 많이 살았던 덕에 문화 수준도 높았다. 읍민의 60% 이상이 기독교인이었고 남교회, 북교회, 중앙교회와 동교회, 월천교회 등의 예배당에서 주일이면 일제히 치는 종소리가 선천읍을 진동케 했다. 안식일을 엄격히 지키는 교인들로 인해 주일에 장날이 겹치는 날이면 장이 서지 못할 정도였다. 1900년부터 1945년까지, 이 기간 동안 선천은 한국의 예루살렘이라고 불렸다.

강신명 목사는 우선 청년들의 신앙운동에 가장 힘을 기울였다. 그는 선천의 신성학교와 보성학교의 남녀 학생들을 중심으로 기독학생 면려회를 조직하여 신앙교육과 사회봉사 활동을 활발하게 지도했다. 초기의 외국인 선교사들이 의료사업, 사회사업, 교육사업 등을 통해 선교 목적을 달성하고자 했던 선교 분위기에 힘입은 것이다. 그들에게 물산(物産) 장려 운동과 소비절약 등의 정신을 심어주는 것은 곧 민족정신과 신앙심을 심어주는 일이기도 했다. 당시 경의선을 타고 선천읍을 통과하는 월천동 산허리에는 '술 한 잔에 논 한 평, 담배 한 대에 밭 한 평'이라고 쓴 간판을 세워 백성들의 의식을 깨우치기도 했다. 술 마시기를 절약하면 논 한 평을 살 수 있고, 담배 한 대 줄이면 밭 한 평을 살 수 있다는 말이었다.

강신명 목사가 지도하는 기독청년들은 전도지를 뿌리거나 악대를 내세우는 등 물산장려나 소비절약을 호소하는 강연회를 다채롭게 열었다. '기독면려회'에서는 여름 수련회도 개최하여 청년신앙운동을 고취하였다. 이 운동은 처음에는 헌신예배, 성경연구, 교회봉사, 전도활동이 주된 사업이었으나 뒤에는 금주, 금연, 물산장려, 문맹퇴치, 농촌계몽 등 사회 전반에 걸쳐 전개되었다. 청년교육 활동은 성공적이었다. 많은 청년 및 학생들이 자발적으로 참여했다. 청년들은 신앙과 도덕 나아가서는 민족의 문제에 이르기까지 고민을 함께 했다. 내적으로는 개개인의 신앙과 지적인 능력을 충실하게 쌓는 만큼,

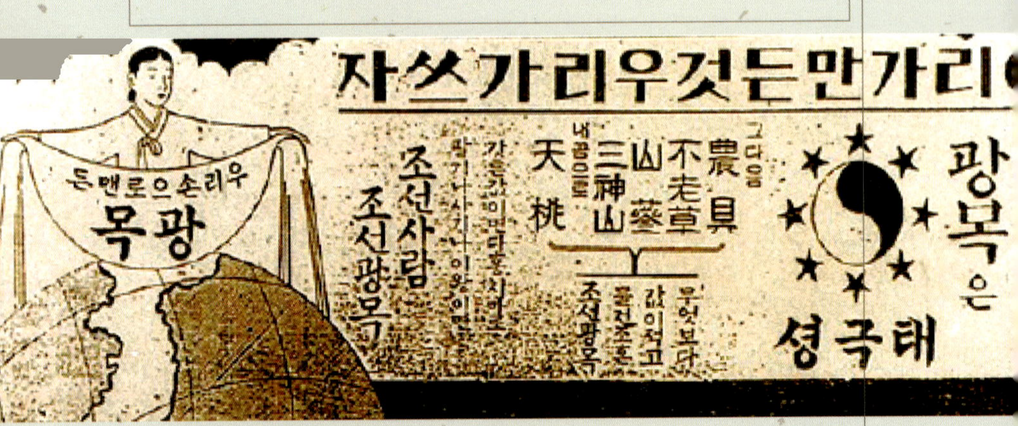

물산장려운동: 우리가 만든 것 우리가 쓰자 – 가튼 값이면 다홍치마로 팔기나 사기나 이왕이면 조선 사람 조선광목

외적으로는 조직의 규모가 차츰 커져갔다. 지도자 훈련을 따로 받은 청년들이 지방교회로 파송되거나, 그들로 구성된 전도대가 지방을 두루 순회할 정도였다.

확산과 부흥일로에 놓여있던 한국 교회들이었지만, 거기에는 그만큼 어두운 부분도 있었다. 신앙에 있어서 전혀 본질적이라고 할 수 없는 교회 행정의 문제, 그리고 아주 사소한 성경 해석의 문제 하나도 사람들을 대립케 했고 분열케 했다. 목회 현장의 사정은 신학을 할 때 품었던 이상과는 너무나 달랐다. 강 목사의 고민은 깊어 갔다. 그리고 능력의 한계를 느꼈다. 이제야 말로 그동안 미루어두었던 유학을 떠날 때라고 생각했다. 1940년 4월, 그가 약 8개월간 유학을 떠나게 된 곳은 동경신학교였다. 동경신학교와 평양신학교는 또 다른 학구적인 분위를 가지고 있었다. 본격적인 공부를 하기에 그리 긴 시간은 아니었지만, 강신명 목사가 그곳에서 구마노(能野義孝) 교수와 무라다(村田) 교수에게서 '에큐메니칼 신학'에 대한 도전을 받게 된 것은 엄청난 성과였다. 바로 교회일치와 연합운동에 대한 신학적 접근이었고, 그것은 강신명이 일생 동안 추구한 목회신학의 바탕이 되었던 것이다.

7 깨어진 둘을 하나로

일본에서 귀국한 강신명 목사는 드디어 그가 배우고 접한 신학을 목회현장에서 체계화하기 시작했다. 그의 개척자적인 목회는 선천 남교회 뿐만 아니라 평안북도 전체를 통해 영향력을 발휘했다. 사람들은 비로소 한 젊은 목사의 능력에 주목을 하며 그의 목회에 높은 관심을 갖게 되었다. 그리고 그의 명성은 이미 전국적으로 알려지기 시작했다.

1941년 겨울 어느 날, 야심한 시각에 강신명 목사의 사택을 찾아온 손님이 있었다. 강신명 목사를 만나기 위해 북경을 떠나 압록강을 건너온 재중 동포였다. 그는 꽁꽁 언 몸을 녹이기도 전에 자신이 찾아온 목적을 급히 털어놓았다. 자신이 출석

하는 북경교회에서 강신명 목사를 청빙하기로 결정했다는 것이다. 강신명 목사는 하나님의 말씀에 목말라 그렇게 먼 데서부터 자신을 찾아 준 방문객이 놀랍기도 하고 황송하기도 했다. 밤이 깊은 줄도 모른 채 강신명은 이역만리 타향에서 살아가는 동포들의 이야기를 귀 기울였다. 강신명 목사의 눈앞에 동포들의 고달픈 모습이 떠올랐다. 마치 구약시대 때, 이스라엘 백성들이 애굽에서 디아스포라로 살아가던 모습을 연상케 했다. 강신명 목사는 자신이 이 민족을 위해 할 일이 너무도 많음을 새삼 뼈저리게 느꼈다. 그렇다고 해서 선천남교회에서 신명을 선뜻 보내줄 리 없었다. 목회지를 옮기는 일은 신중하게 결정해야할 문제이기도 했다. 강신명 목사는 하나님의 뜻이 어디에 있는지 알기 위해 기도했다. 그러나 1941년 겨울을 보내고 이듬해 봄이 돌아올 때까지 그는 쉽사리 결단을 내리지 못했다. 그 동안에도 그의 신앙 양심은 저 멀리 이역 땅에서 자신을 기다리는 동포들의 간절한 기도를 외면하지 말 것을 재촉했다.

"북경에서 살고 있는 동포들은 고국을 떠난 외로운 사람들이 아닌가. 그리고 대부분은 정치적인 이유로 조국을 쫓겨난 사람들이고, 남의 땅에서 이방인으로 고생하는 사람들이 아닌가……."

그런데 일은 엉뚱하게 진행이 되었다. 이웃에 있는 선천 북교회에 분규가 생기자 평북 노회에서는 강신명 목사를 해결사로 그곳에 강제로 주저앉힌 것이다. 북교회의 분규는 담임목사와 장로들의 충돌을 말했다. 흡사 요란스레 삐걱거리는 바퀴처럼, 목사와 장로들은 교회운영에 사사건건 대립했다. 서로 간에 의견의 일치를 보지 못하고 교회는 결국 양분되었다. 그런데 엎친 데 덮친 격으로 담임목사가 1937년 수양동우회 사건으로 인해 일본 경찰에 검거되고 말았다. 이 사건은 서울의 기독교청년면려회'에서 금주운동 계획을 세우고 그해 5월 '멸망에 함(陷)한 민족을 구출하는 기독교인의 역할' 등의 내용을 담은 인쇄물을 국내 35개 지부에 발송하면서 촉발된 것이었다. 그해 6월 28일에는 안창호를 비롯한 평양지회 관계자들이 체포되었고 계속해서 선천지회에까지 불똥이 튀어 모두 181명의 지식인들이 체포된 사건이었다. 나라가 이 지경인데도 교인들은 목사 편과 장로 편으로 갈라져 서로 으르렁거렸다. 노회와 총회가 수년에 걸쳐 북교회의 분규를 수습하려 했지만 교인들 간의 대립은 더욱 심해지기만 했다. 이러한 때, 평북 노회는 자신의 의사와는 관계없이 강신명 목사를 일방적으로 북교회에 파송 명령을 내렸다. 평북 노회는 그만큼 젊은 강신명 목사의 능력을 신뢰했던 것이다.

하나님, 북교회로 가는 것이 저의 사명을 시험받는 중요한 기간으로 알고 가겠습니다. 이 북교회 문제를 제가 수습한다면 계속 하나님의 종으로 일하겠습니다. 그러나 수습되지 않으면 목회가 저의 길이 아닌 줄 알겠습니다."

강신명 목사는 하나님께 떼를 쓰듯 간절히 기도했다. 그의 심정은 이토록이나 비장했다. 남교회에서 위임동사 목회를 하던 강신명 목사는 이렇게 하여 1942년부터 1946년 3월까지, 약 4년 간 북교회에서 시무하게 되었다. 선천 북교회는 새로 온 젊은 목회자에게 별로 거부감을 보이지 않았다. 아니, 겉으로는 오히려 지나치게 친절하기까지 했다. 그가 어느 편에 치우쳐 목회를 하는 것은 아닌지 두고 보자는 심산이었다. 그걸 모를 리 없었지만 강신명 목사는 그들의 불신을 크게 개의치 않았다. 시간을 두고 온유하게 해결할 문제였다. 무엇보다도 교인들에게 자신은 아무런 사심이 없음을 보여주는 것이 중요했다. 또한 그에게는 처음부터 교인들을 권위로 다스리려는 마음은 없었다. 말과 행동이 일치했으며, 모든 일에 솔선수범했다. 말 한마디 한마디에 신중을 기해 결코 경거망동하지 않았다. 마침내 강신명 목사를 중심으로 교인들이 하나둘 모여들기 시작했다. 차갑게 닫혔던 교인들의 마음이 양지쪽의 눈처럼 서서히 녹기 시작한 것이다. 그가 처음 취임했을 때만 해도 목사 편의 교인이 여자 집사를 중심으로 200여 명, 장로 편의 교인이 남자 집사를 중심해서 70여 명으로 북교회는 심각한 분열 상태였다. 이러한 상황에서 강신명 목사가 역설한 것은 교회가 오로지 하나님을 중심으로 뭉쳐야 한다는 것이었다. 끝내 해결의 실마리는 있었다. 그의 진심어린 노력이 통했는지 불화의 선봉에 서있던 노 장로가 자신의 생일잔치에서 전체 교인들을 모아놓고 눈물로 회개를 한 것이다. 그의 회심을 계기로 북교회는 빠르게 화합의 길로 들어서는 기적이 일어났다. 강신명 목사는 서울 총회 종교교육부의 일을 맡고 있는 아버지에게 보낸 편지에 이때의 일을 상세하게 썼다.

아버님, 바쁘신 줄은 알지만 제가 목회를 하고 있는 교회에 한번 다녀가셨으면 합니다. 다음 달 첫째 주일에 드디어 교회가 총회를 재개하기로 했습니다. 이전처럼 모든 제직들이 모여서 북교회의 부흥을 위해 기도하며 의논할 것입니다. 아, 얼마만의 총회인지요! 아버님도 아시다시피 그동안 이 교회는 서로가 서로를 불신함으로 말미암아 총회는커녕 온 교인이 한자리에 제대로 모인 적도 없었답니다. 그러나 이제 서서히 교인들의 마음이 열린 것 같습니다. 일전엔 노 장로님께서 생신을 맞으셨지요. 생신 전 주, 그분께서 교인들을 향해 자신의 생일에 모두 참석해줄 것을 당부하시더군요. 한 사람도 빠짐없이 말입니다. 그러면서 '이전처럼 우리 모두 모여 즐거운 한때를 가집시다. 우리가 이렇게 등을 돌리고 사는 것은 다 제가 부덕한 탓입니다.'라며 소리 높여 우시는 게 아니겠습니까. 곁에 둘러섰던 사람들까지도 마침내 엉엉 울고 말았답니다. 지금은 언제 그렇게 미워하고 질시했냐는 듯 서로 간에 사랑이 넘친답니다. 그리스도의 은혜가 넘치는 북교회의 모습을 이 못난 자식은 아버님께 자랑하고 싶기만 합니다. 저희들 총회 때를 맞춰서 오신다면 더욱 좋겠습니다.

—하나님의 종이자 아버님의 아들, 신명 드림.

강신명 목사의 목회가 한참 성과를 발휘하고 있던 1945년 8월 15일, 마침내 해방이 찾아왔다. 해방 당시, 평북 도내의 여섯 노회에는 153명의 목사가 생존해 있었다. 목숨을 부지한 것을 감사하고 환호하기에는 그늘이 너무 짙었다. 일제하에서 당한 갖은 수난은 살아남은 자들에게 수치와 상처로 남겨졌다. 살아남은 목사들이 우선해야 할 일은 일제하에서 행한 죄를 하나님 앞에 회개 자복하는 일이었다. 그리고 깨어진 둘을 하나로 합하는 일이었다. 둘로 쪼개졌던 것은 비단 선천북교회뿐만이 아니었다. 민족의 자존심이 쪼개졌고, 무엇보다 신사참배 강요를 견디지 못해 하나님 앞에서 신앙의 양심마저 쪼개지기도 했다. 일본이 패망을 앞두었을 때의 마지막 발악은 일본 통치 기간 중에서도 우리 민족이 감내해야 했던 가장 험난한 시기였다.

선천남교회(위)와 **선천북교회**(아래)

강신명 목사가 남교회의 청빙으로 목사 안수를 받은 것도 1938년 8월의 가을 노회에서였으니 일제의 탄압행위가 가장 격렬할 때였다. 그러니까 각 노회의 신사참배가 결의되고 몇 개월 지나지 않아서였다. 갓 안수를 받은 목사 초년생으로서의 처지를 생각하면 신사참배를 거부하기란 현실적으로 어려웠던 시기였다. 그럼에도 불구하고 이때의 굴욕은 강신명 목사에게 평생토록 짊어지고 갈 무거운 십자가로 남게 되었다.

1945년 11월 14일부터 21일까지, 일주일 간 선천읍의 김성준(金聖浚) 장로의 창고에서 수양회가 개최되었다. 강신명 목사 역시 거기에 참석한 것은 물론이다. 그들은 그 모임을 통해 죄를 자복하는 기도와 성서 연구에 몰두하며 깨어진 신앙의 양심을 하나로 회복하기 위해 노력했다. 또 밤이 되면 부근 교회와 부락민들과 함께 대전도 집회를 가졌다. 청중은 거의 천여 명으로, 새로 믿는 신자도 많이 생겼다. 평북노회의 역사 이래 가장 의미 있는 집회 가운데 하나였다. 수양회 기간 중, 18일째 되는 날에는 참석한 모든 목사들이 금식을 했다. 또 폐회 전날에는 강신명 목사는 이유택(李裕澤) 목사와 함께 찬송과 해방의 노래를 인도하기도 했다. 그들은 민족을 위해 좀 더 당당하게 일제에 항거하지 못한 것을 진정으로 참회하고, 민족의 앞날을 위해 기도했다.

해방이 되고 나서도 강신명 목사는 신사참배와 관련한 자신의 행위에 대해 아무런 변명도 하지 않았다. 자신의 지나간 허물을 묵묵히 인정했다. 그리고 그는 일생동안 뼈아픈 회개의 기도로 대답을 대신했다.

8 고난의 연속

해방의 기쁨을 맛보는 시간도 잠시였다. 북위 38도선을 경계로 한반도의 북쪽은 소련군이, 남쪽은 미군이 점령하게 되었다. 미군은 패전국 일본에서 간접통치를 한 것과는 대조적으로 한국에서는 미군정을 설치해서 직접통치를 실시했다. 소련과 연결되어 있는 좌익을 통제하기 위한 강력한 조치였다. 이 나라는 강대국과 정치권의 이해가 엇갈리면서 점차 좌익과 우익의 갈등이 커져갔다. 노동 · 농민 · 청년 · 여성단체가 좌나 우로 나뉘었으며, 문화단체 또한 좌 · 우로 갈라졌다. 좌파 성향의 남편과 함께 북으로 간 무용가 최승희 같은 사람이 있는가 하면, 개신교나 천주교의 관계자 상당수처럼 북에 강력한 기반을 두고도 월남했던 사람들도 있었다.

"저, 별들 좀 보시오!"

밤늦은 시간까지 사택으로 건너오지 않는 남편이 걱정되어 방문을 나선 아내의 귀에 신명의 나직한 신음소리가 들려왔다. 마당 한 가운데 우두커니 서서 강신명 목사는 높은 밤하늘을 올려다보고 있었다. 쏟아져 내릴 것 같은 별빛이 아내 이영신의 시선에도 가득 잡혔다. 그러고 보면, 새벽 기도로 하루를 시작하고 밤늦게까지 동분서주하느라 그 동안 하늘에 뜬 별을 쳐다볼 겨를조차 없었던 두 사람이었다.

"별들끼리는 싸움도, 미움도 없을 거요. 하나님께서 창조한 세계는 저처럼 원래 질서정연하고 아름다운 게 아니겠소."

"여보, 성경에선 무질서한 혼돈의 세상을 향해 하나님께서 '빛이 있으라'고 명령하셨다지요. 그렇다면 지금 세상이 이토록 혼란스러운 것도 하나님의 섭리가 드러나기 위해서 일까요?"

"나는 그렇다고 믿고 싶소."

"해방이 되어서 얼마나 기뻤는데……. 그런데 지금 소련군이 우리 기독교인들을 대하는 태도가 예전 일본군의 악랄함보다 더하지 않습니까."

"……."

"아버님께서도 걱정이 이만저만이 아니세요. 당신을 설득해서 당장 월남을 하라고 오늘도 긴 서한을 보내오셨습니다."

‘월남’을 입에 올리던 이영신의 목소리가 갑자기 은근해졌다. 그녀는 아차, 싶어 재빨리 주위를 둘러봤다. 그들의 일거수일투족을 감시해서 공산당에 보고하는 눈길이 담장 뒤편에서 자신들을 주시하는 것만 같았다. 이영신은 순간, 등골이 오싹해 옴을 느꼈다.

해방이 되자 이북을 장악한 소련군은 곧 기독교를 탄압하기 시작했다. 도시나 지방을 막론하고 이북에서는 교회가 중심이 되어 해방을 맞이했었다. 따라서 자발적으로 일어난 자치회라든지 건국 준비회 등, 대다수의 단체들은 기독교인이 핵심을 이루고 있었다. 종교를 인정하지 않는 유물론적 정책과 미국을 견제하려는 소련 공산당의 정치적 목적은 기독교의 세(勢)가 확산되는 것을 막는 것으로도 가능한 일이었다. 따라서 당시 북한에서 발생한 교회 박해의 실례들이 다분히 정치적 성향을 띠게 된 것은 불가피한 일이었다. 특히 신의주 제이교회의 한경직 목사 등이 중심이 되어 평북기독교인을 기반으로 해서 조직된 ‘기독교사회민주당’에 대한 공산당의 탄압은 극심했다. 소련 혹은 함경도에서 파견된 한인 공산당원들은 지방의 불량배들을 매수하고 무지한 노동자와 농민들을 충동질했다. 북한 공산화를 위한 강압적 정황이 서서히 자리를 잡아가기 시작한 것이다. 강간과 약탈을 일삼는 소련군의 만행은 결국 신의주학생의거를 유발시켰다. 이 의거 때, 공산당은 비행기까지 동원하여 어린 학생들을 향해 소련제 기관총을 갈겨댔다. 같은 날, 소련군은 계엄령을 선포했다. 그리고 시신을 수습하고 부상자를 치료하기에 여념이 없던 기독교사회민주당 간부들을 일제히 검거하기에 이르렀다. 일련의 일들은 해방이 된 지 불과 석 달 만에 빚어진 참극이었다. 선천에도 기독교 세력이 컸던 만큼 공산당의 핍박 역시 강했다. 해방을 맞이할 때는 너나할 것 없이 함께 만세를 외쳤던 사람들이 이제는 둘로 갈라져 곡괭이와 낫을 들고 서로의 목숨을 위협했다. 선천에서 목회하던 목사들이 신변의 위협을 받기에 충분한 상황이었다.

진퇴양난이었다. 선천북교회를 두고 어찌 떠난단 말인가! 젊은 날의 모든 정성을 쏟아 분규를 화해와 일치로 이끌었던 교회가 아니던가. 선천북교회에 대한 강신명 목사의 사랑과 애착은 클 수밖에 없었다. 그곳은 자신의 영혼이 구석구석 살아 숨쉬는 교회였던 것이다. 그러기에 월남하라는 아버지의 강권에도 불구하고 선뜻 월남을 결심할 수가 없었다. 징용에 끌려갔던 사람들도 돌아왔다. 선천역은 고향으로 찾아드는 사람들과, 고향 산천을 버리고 떠나는 사람들로 인산인해를 이루었다. 예배당도 예외가 아니어서 주일마다 교인수가 줄었고,

자고나면 떠나버린 이웃들이 많아졌다. 마침내 강신명 목사도 대세에 밀려 월남을 결심할 수밖에 없었다. 신학을 공부하고, 목회를 시작하며 꿈을 키웠던 시간들, 일제와 맞서 싸우며 울분을 삼킬 수밖에 없었던 안타까웠던 시간들, 때로는 그들의 강압에 못 이겨 굴복하지 않을 수 없었던 어두운 시간들까지 뒤로 한 채 강신명 목사는 선천을 떠났다. 1946년 3월, 아직은 꽃 샘 추위가 목을 움츠리게 하는 쌀쌀한 봄날이었다.

월남한 강신명 목사는 베다니교회(현 영락교회)에 출석했다. 영락교회는 영락정에 있던 천리교 경성본부 자리에서 출발했다. 1945년 12월 첫 주일, 한경직 목사를 중심으로 27명의 피난민이 모여 드린 예배가 시작이었다. 이듬해인 1947년 4월, 신명은 베다니교회의 동사목사로 취임하여 주로 청소년 지도를 담당하며 한경직 목사를 도왔다. 그러나 그는 1년 동안은 강단에 서지 않고 오직 성가대만 지휘했다. 신사참배를 했다는 죄책감이 너무나 무거워 스스로가 정한 반성의 시간이기도 했던 것이다. 베다니교회에는 곧 예배장소가 모자랄 만큼 많은 사람들이 모여들었다. 고향을 등지고 떠나 온 피난민들로 하나둘 교인 수는 급증을 했다. 교회당은 더 이상 교우들을 수용할 수 없을 지경에 이르렀다. 결국 1947년 6월 1일, 대형 천막을 설치하여 천막 교회에서 주일 예배를 드리며 교회 신축

영락교회 신축 터 닦기
1949년 3월 신축기공예배를 드린 후 1950년 6월 4일에 지금의 본당에서 첫 예배를 드렸다.

을 준비했다. 장소는 '우이동'으로 1949년에 서울특별시로 편입된 곳이다. 예전엔 아예 '우이동 골짜기'로 불릴 만큼 그야말로 험하고 돌이 많기로 유명한 곳이었다. 교회를 신축할 때, 강신명 목사는 몸을 아끼지 않고 교회 청년들과 함께 부지런히 돌을 날랐다. 땀방울이 비 오듯 쏟아지고 어깨에 피멍이 맺혀도 자신의 손으로 직접 하나님의 성전을 쌓는다는 기쁨이 오히려 그를 즐겁게 했다. 돌만큼이나 단단한 열심과, 몸을 아끼지 않는 노력들이 모여 영락교회를 완공해냈던 것이다. 1949년 3월 24일, 드디어 감격스러운 본당 신축기공 예배를 드렸다. 그리고 지금의 본당에서 1950년 6월 4일에 첫 예배를 드리게 되었다.

그러나 새 성전에서 예배드리는 기쁨에 취할 새도 없이 민족상잔의 비극은 일어나고야 말았다. 새 예배당에서 두 번째 예배를 드린 1950년 6월 25일 새벽, 비극의 동란이 터진 것이다. 소식을 듣고 충격을 받은 성도들이 예배가 끝난 다음에도 돌아갈 생각조차 없이 예배당 안팎에서 모두들 서성거리고 있었다. 인민군은 아무런 저항을 받지 않고 3일 만에 수도 서울까지 진격해왔다. 27일 밤, 대책을 세우기 위해 강신명 목사와 한경직 목사를 비롯한 예닐곱 명이 청파동에 있는 홍 집사 집에 모였다. 저녁을 그 집에서 보내면서 사태의 추이를 살피자는 것이었다. 그러나 상황은 생각보다 급박했다. 그날 밤에 벌써 한강의 인도교가 끊겼다. 다음날, 새벽에 동정을 살피러 나갔던 젊은 집사가 인민군이 벌써 서울에 들어왔다는 것을 알렸다. 머뭇거릴 시간이 없었다. 각기 떠나기로 결정하고 길을 나섰다. 일행이 지금 마포대교가 놓인 강둑에 이르렀을 때 벌써 인민군의 탱크가 와 있었고 피난민들은 인민군과 탱크 주변에 몰려있었다. 강신명 목사와 일행은 서강(西江) 쪽으로 가다가 조그만 배 한 척을 만나 강을 건널 수 있었다. 그러나 이미 영등포도 텅텅 비어 있었다. 그들은 계속해서 걸을 수밖에 없었다. 시흥에 갔을 때야 뚜껑 없는 지프를 한 대 얻어 탈 수 있었다.

이틀 후 일행은 거기서 대전으로 피난길을 서둘렀다. 팔다리가 떨어져나간 채 신음하는 사람들, 자욱한 포화 가운데서 악을 쓰며 울어대는 아이들. 피난길은 고아와 부상자들과 주검이 지천이었다. 지옥이 이럴까 싶었다. 인민군에게 총대로 얼굴을 맞으며 시가지 여기저기로 끌려 다니다 결국 천호동에서 총살을 당했다는 김예진 목사의 이야기가 전해졌다. 강신명 목사는 밤잠을 이룰 수가 없었다. 다음 날엔 손양원 목사마저 총살당했다는 비보를 듣게 되었다. 손양원 목사라면 여·순반란사건 때 자신의 두 아들을 살해한 범인을 오히려 의붓 아들로 삼은 분이었다. 원수를 사랑하라는 예수님의 가르침대로

전쟁 피난길의 모습.

사신 분이었다. 그런 목사님이! 강신명 목사는 이 절망적인 상황에서 아무 것도 할 수 없는 자신의 무력함에 하염없이 눈물을 흘렸다.

"오, 하나님! 당신은 어디에 계시나이까?"

그냥 울고만 있을 때가 아니었다. 대전에 도착하자 강신명 목사는 즉각 YMCA를 중심으로 '한국기독교구국회'라는 것을 조직해서 원호부장 직책을 맡아 구국대열에 참여 했다. 그러나 결국 전쟁의 상황은 이들을 부산까지 밀어내고야 말았다.

영락교회도 피난지인 부산의 대청동에 있는 '새들원'이라는 고아원에 임시 예배당을 정하고 예배와 복음 활동을 전개했다. 교회라기보다 아예 피난민 수용소였다. 난리통에 전 재산을 잃어버리고 맨 손으로 3·8선을 넘어온, 실로 가난하고 정처 없는 피난민들로 붐볐다. 그들은 고향을 잃어 서러운데다 장래를 예측할 수조차 없었다. 이런 이들을 상대로 설움을 함께 나누고 위로하는 목회자의 고충 또한 이만저만이 아니었다. 그래도 강신명 목사는 몸과 마음을 아끼지 않았다. 자신의 처지는 잊고 양들을 돌보는 일에 정성을 다했다. 아니, 어떻게 하면 양들을 더 잘 돌볼 수 있는지 만을 생각하는 사람이었다.

하루가 멀다 하고 새로운 교인이 찾아오고 떠나갔지만 그는 교인들의 처지를 유심히 살폈다. 교인들의 가족 관계를 두루 꿰어, 피난지의 그 어수선함 속에서도 교인들의 이름을 남녀

노소 할 것 없이 다 외웠다. 다정다감한 성격이라 길거리에서 어린아이를 만나면 반드시 이름을 불러주며 머리를 쓰다듬었다. 대부분이 이산가족인 교인들의 형편을 미리 알고 기도하며 함께 눈물지었던 것이다. 그런 난리 통에 교인들의 생일까지 기억하며 축하해 주고 그 가정을 위해 기도해주었으니 그런 강신명 목사를 사람들은 깊이 신뢰할 수밖에 없었다. 그는 나귀처럼 순하고 성실했으며, 또한 부모의 마음으로 교인들을 자식처럼 돌본 가슴 따뜻한 목회자였다.

9 다시 하나를 향한 발걸음

"비록 육신은 조국을 떠나 미국으로 향하지만 저의 마음은 항상 여러분과 함께 할 것입니다. 기도하는 시간을 통하여 서로 만나 이야기합시다."

자신을 떠나보내는 도미 송별예배에서 강신명 목사는 이렇게 이별의 인사를 남겼다. 전쟁의 두려움과 가난의 고통에 불안해하는 교인들을 두고 발걸음을 떼기란 쉽지 않았다. 1951년 가을, 강신명 목사는 피난지 부산에 있던 영락교회를 떠나 미국의 프린스턴 신학교로 유학을 떠난 것이다. 전쟁 중인 나라에서 외국으로 유학을 갈 수 있었던 것은 미국연합장로교 측의 특별한 초청이 있었기 때문이었다. 장학금을 제공하는 조건이었다. 한국 총회에서는 주저함 없이 강신명 목사를 추

천했다. 그는 당시 한국에서는 유망한 엘리트 목회자로 이미 인정을 받고 있었고, 무엇보다도 영어에 능통해 유학하기에 적격인 인물로 평가받았다. 여전히 이 나라는 전쟁의 포성이 멈출 날 없는 풍전등화와 같은 시기를 보내고 있었다. 강신명 목사는 피난지 대구에 부인을 비롯한 4남 1녀의 가족을 남겨두고 부산항에서 미국행 화물선에 몸을 실었다. 그의 나이 43세 때였다.

"어머니, 미국에서 소포 왔어요."

"우와, 아버지가 초콜릿 부치셨네!"

선물꾸러미를 풀어볼 생각에 마음이 들뜬 아이들이 어머니를 제치고 우루루 소포 앞으로 모여들었다.

"넌 아버지 소식보다 먹는 게 더 반가운 게로구나."

어느덧 과년한 처녀 태가 역력한 석렬이 동생 석종을 향해 밉지 않은 듯 눈을 흘겼다.

"어머니, 아버지께서 옷가지도 보내셨네요."

"근데 무슨 바지에 주머니가 이렇게 많지?"

미국에서 강신명 목사가 한 달에 한 번꼴로 보내는 소포에는 초콜릿이나 스프 등이 들어 있었다. 미국인들이 입던 낡은 옷가지가 들어있기도 했다.

"형, 이건 형한테 온 아버지 편지야."

석종이 건네는 편지를 받으려 머뭇머뭇 바투 앉는 사람은 지정덕이었다. 지정덕은 지세연 목사의 아들로 일찍이 어머니를 여의고, 전쟁 때는 아버지마저 잃었다. 그는 단신으로 월남하여 대구 제일교회에 다니다가 석종을 만나게 되었다. 석종이 형이라 부르며 따랐는데, 아내 이영신은 그런 정덕을 측은하게 여겨 아들 이상으로 배려를 하며 함께 데리고 살았던 것이다. 한데 이런 선물 보따리 속에서 이번에도 빠지지 않은 것은 연필 한 박스와 정덕에게 보내는 강신명 목사의 격려 편지였다. 워낙 정이 넘치는 사람이기도 했지만, 본인도 만리타국에서 외로움을 겪다 보니 정덕의 처지가 예사스럽지 않았던 것이다. 가난하고 소외된 사람, 고아와 과부들에 대한 그의 관심은 차라리 본능적인 것이라고 해야 할 정도였다. 그는 편지에서 여러 성경 말씀으로 정덕을 위로했다.

"정덕아, 오늘은 네게 요한복음 18장 22절 말씀을 전해주고 싶구나. 네가 우리와 한 가족으로 살게 된 것은 하나님께서 우리를 하나가 되게 하시려는 뜻이 있었을 것이다. 믿는 사람끼리는 이미 한 가족이니 너는 아무 거리낌 없이 지내거라."

정덕은 편지를 읽다말고 주르륵 눈물을 흘렸다. 아내 이영신의 보살핌과 강신명 목사의 격려는 정덕의 일생에 큰 힘이 되고도 남았다. 그가 받은 사랑은 아름다운 열매를 맺어, 정덕은 신학을 공부하고 마침내 목사가 되었다. 정덕은 한국과 미국에서 40여 년간 목회를 하다 지난 2000년에 은퇴했다. 아내 이영신은 남편이 없는 동안 혼자서 빠듯한 살림을 꾸려나가야 했다. 정덕을 제외하고도 먹성 좋은 아이들만 다섯 명이었다. 남편이 보내온 초콜릿과 스프는 눈 깜짝할 새 동이 났다. 그래도 그들은 행복했다. 아이들은 아버지가 식당에서 접시를 닦으면서 조금씩 저축한 돈으로 선물을 사 보냈음을 짐작이나 했을까?

강신명 목사가 미국 프린스턴에서 석사학위를 받기 위해 존 맥케이(John A. Mackay) 교수에게 제출했던 논문의 제목은 「1910년부터 1945년까지 한국에서의 종교와 정치 문제」였다. 그가 작성한 이 논문은 학문적인 깊이나 넓이에서 단연 뛰어난 논문이었다. 단순한 이론 제기가 아니라 일제치하에서 본인이 직접 몸으로 체험한 시대의 증언이자 실존적 경험이 주제였기 때문이다. 또한 그는 평소에 관심을 가졌던 에큐메니칼 운동에 대한 연구를 더욱 깊이 하게 되었다. 이것은 1940년 동경유학 시절 구마노 교수와 무라다 교수와의 만남에서부터 연구 과제로 삼고 있었던 문제였다. 에큐메니칼(Ecumenical)은 헬라어 '오이쿠메네(οικουμενη , oikumene)'에서 나온 말로 교회연합 또는 교회일치 운동을 뜻하는 이론이었다. 오이쿠메네는 '사람들이 살고 있는 온누리'라는 뜻으로 '새로운 세계, 새로운 인류로서의 교회'를 의미하여 정치적 · 교리적 문제로 수없이 갈라진 교회가 그리스도 안에서 연합과 일치를 추구하는 것이었다. 따라서 에큐메니칼은 교단의 물리적인 통합이나 각 교단의 교리를 통합하는 것은 아니었다. 각 교회의 교리와 직제와 정치의 상이한 차이점에도 불구하고 교회간의 연합과 일치를 추구하는 것이 에큐메니칼 정신인 것이다. 강신명 목사는 교회는 국가와 민족의 구별을 초월한 인류의 새로운 공동체를 지향해야 한다고 믿었다. 그리고 다시 그렇게 체계화시킨 이론을 바탕으로 목회를 했으니, 그는 목회뿐만 아니라 나아가 그의 삶마저 학문과 일치한 길을 걸었다고 할 수 있다.

1953년 가을, 프린스턴에서 석사학위를 받고 강신명 목사는 이영헌 교수와 함께 귀국을 준비하고 있었다. 이영헌은 한경직 목사님의 사위이기도 했다. 그런데 시애틀에 있는 미국 장로교회에서 한국에 보낼 구제물자를 모아두었다는 소식을 듣게 된 것은 바로 그 때였다. 두 사람은 동부에서 서부까지 며칠 간 대륙횡단을 하여 그 교회를 찾아갔다. 그리고 하루 종일 손이 부르트도록 그 짐을 꾸려가지고 북태평양을 건너 일본 북해도 해안을 끼고 동해를 거쳐 부산항으로 돌아왔다. 그런데 그 구제물자들이 세관검사를 위해 창고에 보관되던 중에

사라지고 말았다. 누구의 손에 들어갔는지 지금도 모른다. 먹고살기 힘들었던 당시에는 흔한 일이었다 해도 참으로 절망스러웠다. 그러나 강신명 목사는 이 도난 사건을 새로운 계기로 삼았다. 위기를 기회로 바꿀 줄 아는 것은 그의 능력이었다. 이 가난한 조국을 위해 해야 할 일이 무엇인가? 이 백성들이 도덕심을 갖도록 할 수 있는 길은 무엇인가? 프린스턴 유학은 한국 교회의 모습과 우리 민족이 처한 형편을 바깥에서 볼 수 있게 된 소중한 기회였다. 귀국한 강신명 목사는 그해 겨울 서울 영락교회로 다시 부임했다. 그러나 그를 기다리고 있는 것은 영락교회 뿐만 아니었다. 숭실을 부활시키는 일이었다. 그것은 신사참배를 거부하여 1938년 폐교당한 숭실학교가 16년 만인 1954년 4월, 서울에서 재건의 뿌리를 내리도록 하는 일이었다. 영락교회에서 시무하던 강신명 목사는 재건된 숭실대학의 이사직을 맡게 되었다. '숭실 부활'의 산파 역할을 담당하게 된 것이다. 그에게 숭실의 부활은 한국 기독교의 부활이기도 했거니와 자신의 잃어버린 과거를 회복하는 일이기도 했다.

강신명 목사가 영락교회에서 새문안교회로 자리를 옮긴 것은 1955년 12월이었다. 강신명 목사의 새문안 목회시대가 막이 오른 것이다. 강신명 목사 개인적으로는 자신의 역량을 십

분 발휘할 수 있기도 했지만, 교회 역시 그를 만나 크게 부흥하는 기회이기도 했다. 당시 100여 명에 지나지 않던 교인 수가 1958년에는 평균 출석 교인이 850명, 중고 주일학교 학생이 250명, 유년주일학교 학생 350명이 되었다. 이는 강신명 목사가 부임한 지 불과 수년 만에 이룬 놀라운 결실이었다. 하지만 강신명 목사가 이룬 결실이 단순히 교회의 양적 성장에만 있었던 것은 아니었다. 그를 필요로 하는 곳은 다른 데 있었다. 당시 한국교회는 '교파분열의 역사'를 쓰고 있었기 때문이었다. 첫 번째 분열은 보수적인 신학을 옹호하는 '예수교장로회(예장)'와 자유주의 신학을 지향하는 '기독교장로회(기장)'의 분열이었다. 1953년에 있었던 일이니, 갓 미국에서 돌아 온 강신명 목사는 다만 이런 돌이킬 수 없는 분열의 결과에 대해 안타까워 할 수밖에 없는 처지였다. 또 다른 분열은 기장과 예장이 갈라진 후 6년 만인 1959년에 일어났다. WCC(World Council of Churches; 세계 교회 협의회) 가입 문제로 분규가 발생한 것이다. 분규는 에큐메니칼에 대한 견해차라고 할 수 있었다. WCC가 지향하는 에큐메니칼을 찬성하여 가입을 추진한 쪽은 예장의 '통합'교단이 되었고, 그것은 곧 용공(容共)이라며 반대한 쪽이 예장의 '합동' 교단이 된 것이다. 당시는 6·25전쟁이 일어 난지 오래지 않은 때라 국내에서는 반공의식이 무척 강했다. 그래서 용공적인 것은 무조건 터부시되던 시대였다.

새문안교회. 1957년 교회창립 70주년 기념으로 김중업이 리모델링했다.

따라서 에큐메니칼 운동에 반대하는 사람은 주로 극우성향의 보수적인 그리스도인이라고 해도 과언이 아니었다. 이른바 '통합측'과 '합동측'이 교회연합운동을 지지하느냐, 거부하느냐의 문제를 놓고 다시 한 번 갈라 선 비극이 발생한 것이다.

첨예하게 대립하는 양측의 구도 속에서 강신명 목사는 '통합측', 즉 에큐메니칼 쪽을 택하였다. 그가 가졌던 신학적 신념으로 봐서 당연한 일이었다. 일본 유학 시절과 프린스턴 유학 시절에 공부한 '에큐메니칼 정신'을 실천하기 위해 이 땅에서 노력하게 될 줄은 그 자신도 미처 몰랐다. 강신명 목사는 교회의 일치를 위해 부단한 노력을 기울이기 시작했다. 그의 목소리는 강경했고 신념에 차있었다.

"한국교회의 분열은 교권주의자들의 주도권 장악 암투에서 비롯된 교파주의의 결과입니다. 따라서 이러한 분열은 예수 그리스도 안에 계시된 하나님의 사랑이 그리워서 그리스도의 품으로 찾아오는 사람들을 당황케 만들고 있을 뿐입니다"

교회의 일치(unity)와 선교(mission)를 최우선에 두었던 그의 목회철학은 새문안교회 안에 깊게 스며들어 구체적으로 나타나기 시작했다. 우선 새문안을 한국교회연합운동의 터전으로 개방하였다. 1950년대 중반 이후, 서울지역은 물론 전국적 규모의 기독교 집회와 대회가 거의 예외 없이 새문안에서 개최되었다. 총회와 노회 모임은 물론이고 여러 신학교의 졸업 예배와 각종 기독교 연합집회, 성가음악회 등 기독교와 관련된 행사를 위해서는 교회 문을 활짝 열어젖혔다. 이러한 개방성이 새문안의 위상을 높이는데 기여했음은 물론이다. 그 때부터 새문안교회는 교회연합운동의 중심지가 되었다. 또한 서울시내 교회들의 청년회 회장단을 초교파적으로 초치하여 청년회 운영을 위한 토론회와 친목회를 개최하는 등 교회 내의 교회연합운동도 활발하게 진행했다. 한마디로 1960년대에 새문안은 활발한 에큐메니칼운동의 구현을 통해 한국 모교회(母敎會)로서의 위상을 확보하게 된 것이다. 그랬던 만큼 강신명 목사에게 짐 지워진 숱한 역경과 어려움의 무게는 더욱 커졌다. 그것은 그가 스스로에게 부여한 책임이기도 했다.

내가 만약 앞으로 10년을 더 살기로 하고 일을 할 수도 있다면 성도들 사이에 막힌 담이나 헐어볼까 생각한다. 그제야 기도를 제대로 하지 않겠는가? 형제 사이에 장벽을 쌓아 놓고 드리는 기도가 어떻게 하나님 앞에 상달하겠는가 생각해 보라. 우리들이 다 같이 예수님의 보혈로 속죄함을 받았고, 그 피로 연합하여 한 몸이 되었는데 이 생명의 피가 순환을 제대로 못한다면 그것은 병든 몸이요, 심한 경우는 죽음을 의미하는 것이 아니겠는가? 하나님께서 허락하사 앞으로 십년을 더 주님의 몸된 교회를 섬길 수 있다면 이렇게 별로 신통치 않은 것 같은 일이지만 나는 힘껏 하여 보련다. 내가 믿기는 이 땅위에 하나님의 나라 건설에 좀 느린 길 같으나 이것이 틀림없는 길이라고 생각하고 이렇게 계획을 세워보는 것이다.[5)]

---

5) 강신명, 「앞으로 십년간의 나의 계획」

10 영광은 주님 홀로

시신은 듣던 대로 차가웠다. 염하는 것을 도우려던 전도사는 그만 자신도 모르게 시신에서 얼른 손을 떼고 말았다. 그러면서도 이제 갓 부임한 이 신참 전도사는 주위 사람들에게 섬뜩해하는 자신의 표정을 들키지 않으려고 애를 썼다. 시신을 만지느라 긴장한 탓인지 한겨울임에도 불구하고 젊은 전도사의 이마는 땀으로 번들거렸다. 그로서는 난생 처음 몸으로 직접 부딪친 주검이었다. 시신에게 입힐 수의와 관은 이미 준비가 되어 있었다. 수의는 교회의 여집사들이 함께 모여 틈틈이 만들어 둔 것 중에서 택하고, 관은 조출한 목관으로 준비했다. 염을 해 줄 사람도 미리 대기하고 있었다. 그러므로 장의사를 따로 부르는 것은 쓸데없는 짓이었다. 배꼽에 손을 얹은 시신은 등을 곧게 펴고 두 다리를 쭉 뻗은 모습이었다. 누운 이에게서 생과 사의 갈림길에서 갈등한 흔적이라곤 찾아볼 수 없었다. 오랜 투병 생활을 견디기보다는 요단강을 건너기가 차라리 수월했다는 듯, 눈을 꼭 감은 채 편안한 표정이었다. 슬픔은 오직 남겨진 유족들만의 몫인 듯했다.

시신을 덮은 홑이불을 걷어내자 참지 못한 곡소리가 유족들 사이에서 비어져 나왔다. 능숙한 솜씨로 시신의 입과 코 그리고 두 귀를 솜으로 막으며 염을 하는 사람은 다름 아닌 강신명 목사였다.

전쟁이 끝나고도 한참 후까지 사람들은 먹고살기가 어려웠다. 교인들의 어려운 사정 때문이기도 했지만, 사망한 교인들을 강신명 목사가 손수 염한 데는 이유가 있었다. 한 생명의 마지막 가는 길까지 목자로서 최선을 다해 보살펴주고 싶어서였다. 아이가 태어나면 축복하고 세례를 주듯이, 생의 마지막을, 그 주검까지 돌보는 일도 목회자의 몫이라고 생각했다. 모름지기 교인들의 영혼뿐 아니라 육신까지 자신이 책임질 수 있다면 마땅히 그래야만 한다고 생각한 것이다. 사람의 생명보다 더 귀한 게 또 무엇이 있단 말인가? 강신명 목사는 생명과 관련되는 일이라면 만사를 제쳐 놓고 앞장 선 사람이었다.

"목사님, 사람이 죽어갑니다. 좀 살려주십시오."

수화기 너머로 들려온 목소리는 매우 다급했다. 강신명 목사는 다른 모든 약속을 뒤로 미루고 손님을 맞았다.

"아까 전화 드렸던 박삼중이올시다."

사무실 문을 급히 열고 숨을 고르며 들어오는 사람은 놀랍게도 장삼을 걸친 스님이었다. 그는 '전국 교도소 재소자 교화후원회장'으로 사형수들을 돌보고 있다는 박삼중 스님이었다. 그는 젊어서 입산하여 훗날 화엄사와 자비사의 주지를 지낸 사람이었다. 자리에 앉자마자 박삼중 스님이 꺼내놓은 이야기는 어느 사형수에 관한 것이었다. 살인죄로 사형을 언도받고 복역하고 있는 그 사형수에게는 동생이 하나 있다고 했다. 교도소에 있는 형을 매일같이 면회하던 동생은 형을 살려 달라고 울부짖으며 막무가내로 박삼중 스님을 찾아와 매달렸지만 박삼중 스님이 판단하기에 그 사형수의 구명은 불가능한 일이었다. 이미 대법원의 판결이 내려진 사건이었다. 하지만 형의 목숨을 살리기 위해 애간장을 태우며 최선을 다하는 동생의 모습에 그는 끝내 마음이 움직였다고 했다. 그 사형수는 교도소 내에서 독실한 기독교 신자가 되어있었다. 따라서 박삼중 스님은 만약 기독교 지도자가 나서서 구명운동을 벌인다면 그를 구하는 일이 가능할지도 모르겠다는 생각을 한 것이다.

"목사님, 예수님은 죽은 자도 살리신다면서요?"

묵묵히 박삼중 스님의 이야기를 듣고 있던 강신명 목사는 고개를 끄덕였다. 그리고는 박삼중 스님이 써 온 탄원서를 세심하게 문장 하나하나까지 다듬기 시작했다. 그 길로 강신명 목사는 박삼중 스님과 함께 청와대 비서실과 법무부 장관실을 찾아갔다. 그리고 관계자들을 찾아다니며 호소했다. 박삼중 스님에 비해 강신명 목사는 이미 노구의 몸이었지만 한 목숨을 구하는 일에 힘을 아끼지 않았던 것이다. 그러나 가는 곳 마다 안타까운 대답만 돌아올 뿐이었다.

"너무 큰 죄를 지었군요."

"그런 중죄를 지었으니 살려달라고 하는 것이 아니겠습니까?"

강신명 목사의 태도는 단호했다. 한 생명이 천하보다 귀하다는 믿음과 사람을 사랑하는 마음이 지극하지 않고서는 할 수 없는 말이었다. 그러나 아쉽게도 사형수의 구명은 실패하고 말았다. 그가 사람들을 찾아다니며 애절하게 외쳤던 이야기는 하나였다.

"세상에 사람의 생명보다 더 귀한 것은 없습니다. 권위도, 나이 많음도, 심지어 어떤 형태의 종교적 이념이라 할지라도 생명보다 귀한 것은 없습니다. 제발 이 사람을 살려주세요!"

강신명 목사와 박삼중 스님, 이 두 사람의 행보는 종교가 사회에서 어떻게 자리매김해야 하는지를 보여주는 상징적인 사건이었다. 종교를 초월한 이들의 만남은 이미 어떤 이념이나 교리에도 매이지 않는, 두 사람 모두 자유로운 영혼들이었기에 가능했을 것이다.

한편, 1970년대는 새문안교회의 대학생회와 청년회의 적극적인 사회참여는 세상의 눈길을 모으기에 충분했다. 이는 젊은이들에게 강신명 목사의 민주주의에 대한 확고한 신념이 잘 투영된 덕분이기도 했다. 강신명 목사는 민주회복국민회의 의장직을 맡으며 민주회복 투쟁에 앞장서기도 했다. 그러나 월남패망 직후에는 국가 안보의 중요성에 대해서도 역설했다.

"민주주의가 소중하기 때문에 국가안보는 더욱 중요합니다. 공산당 아래에서는 민주주의도, 신앙의 자유도 없습니다"

이런 소신으로 말미암아 강신명 목사는 소위 민주투사들의 비난과 협박을 많이 받았다. 독재정부를 옹호한다는 게 이유였다. 그렇다고 해서 그의 안보의식이 물러서지는 않았다. 그는 나라가 없던 시절의 뼈아픈 체험을 한 번도 잊은 적이 없었기 때문이었다. 해방 이후, 공산당이 저지른 교회 탄압은 또 얼마나 잔인했던가! 그의 국가 안보는 어디까지나 신앙의 자유와 민주주의를 전제로 하고 있었다.

반유신, 반독재 항거 운동의 중심에 서 있던 새문안교회의 청년회와 대학생회였기에 교회의 젊은이들이 경찰서에 끌려가는 일은 아주 다반사였다. 사태가 이 지경이다 보니 교회의 어른들조차 그들이 사회개혁을 위한 혁명에만 관심이 있지 신앙심은 없는 가짜 크리스천이라고 비난할 정도였다. 그러나 경찰도 새문안교회에 오면 대단히 조심해야만 했다. 강신명 목사가 학생들이 다치지 않도록 하라며 앞장서서 경찰들에게 엄중한 경고를 했기 때문이었다. 하지만 청년회원들이 잡혀갈 때마다 강신명 목사의 가슴은 찢어지는 듯 했다. 그는 관계당국에 뻔질나게 찾아가 학생들을 풀어달라고 하소연했다.

"공산당이 쳐들어올 경우 가장 먼저 총 들고 앞장설 사람들도 저들입니다."

실제로 독재 정권의 부도덕성에 대한 강신명 목사의 비판은 신랄했고, 권력을 향한 그의 외침은 거침없었다.

"지금이 역사의 어느 때인지 모르겠는가? 칼로 일어선 자는 칼로 망하는 법입니다."

당시 정권의 폭력성을 크게 꾸짖는 이 같은 설교야말로 그가 아니면 도저히 할 수 없는 일이었다.

강신명 목사는 1964년 9월 미국 스털린 신학대학에서 명예신학박사 학위를 받을 때까지 다닌 학교가 10개였다. 그런데 이들이 모두 기독교 계통의 학교들이었다. 훗날 행정에 관여했던 학교들도 마찬가지였다. 동흥중학교 교장을 비롯해서 숭전대학 재단 이사, 계명대학 재단 이사, 연세대학 재단 이사

및 이사장, 서울장로회신학교 설립자 겸 교장, 숭전대학교 이사장과 총장, 그리고 마산 창신학원 이사까지, 그가 역임한 모든 곳이 그러했다. 그러나 영광을 받는 자리와는 매번 거리가 멀었다. 강신명 목사는 오히려 갈등과 분규의 한 가운데서 해결사의 역할을 자임했다. 그는 '목회란 하나님의 종합 예술'이라는 신념을 가지고 있었다. 세상의 모든 개별 존재는 스스로 가치를 지니고 있지만, 아름다움은 이들이 서로 어울려 조화를 이룰 때 생겨난다고 믿었던 것이다. 그것은 실제 그의 삶에서도 그대로 나타났다. 그는 운동뿐 아니라 꽃꽂이, 음악, 다도 등에 이르기까지 다양한 취미를 가졌었지만, 그 수준이 전문가에 못지않았다. 심미적 감수성 또한 워낙 뛰어났던 것이다. 그럼에도 불구하고 양복 한 벌로 십 년을 지낸 분이기도 했다. 멋을 추구하되 절제할 줄 아는, 정신적인 댄디(dandy)였던 것이다.

무엇보다도 그는 따뜻한 사람이었다. 아이들은 강신명 목사를 보면 "할아버지!"하면서 뛰어와 스스럼없이 팔을 벌렸다. 하기야 그는 남녀노소 가릴 것 없이 만날 때마다 정답게 껴안아주며 등을 두드려주곤 했다. 목사로서의 권위보다 사람에 대한 애정이 앞섰던 것이다. 예배나 행사가 없는 월요일은 교회가 비교적 한산했다. 새벽엔 가랑비가 부슬부슬 내렸다. 자목련 아래 핀 꽃들이 물기를 듬뿍 머금었다. 오후 들어 비가 그치자 해가 슬며시 고개를 내밀었다. 어제의 소란스러움이 잦아든 교회 마당에 내리쬐는 부챗살 같은 햇살이 따갑고도 적막했다. 강신명 목사의 기억이 차츰 과거로 거슬러 올라갔다.

"김익두 목사님을 태우고 오던 그 나귀는 벌써 흙이 되고 먼지가 되었겠지, 참 고마운 짐승이지……, 그날 날씨가 엄청 추웠는데……."

아버지 강병주 목사, 어머니 최영주 여사, 사랑하는 아내 이영신, 기독교 장로회 총회장을 역임했던 동생 강신정 목사와 석렬, 석종, 석용, 석경, 석공 등 다섯 남매, 그리고 꿈에도 못 잊을 친구들인 김종대 목사와 안종국 목사…… 그 중 누구 하나라도 없었으면 자신이란 존재는 불가능했을 것이다. 계성학교 시절에 만나 누구보다 오랫동안 우정을 나눈 신태식 학장, 평양에서 함께 합창을 했던 김동진과 김세형, 민족정신을 일깨워준 핸더슨 교장, 신앙인의 삶이 무엇인지를 보여준 숭실의 마펫 선교사와 음악을 가르쳐준 말스베리 선교사…… 모두 다 잊지 못할 분들이었다.

1970년에는 '국민 훈장 모란장'이, 1984년 5월에는 조선일보사가 주최하고 평북중앙도민회가 제정한 '종교부분 문화상'

이 강신명 목사에게 수여되었다. 이 사회에서 교회가 가져야 할 사명이 무엇인지를 보여 준 그의 선구자적 목회에 대한 사회적 응답이었다. 그렇다고 그의 사명이 끝난 것은 아니었다. 1982년부터 숭실대학교의 총장직을 맡게 된 것이었다. 숭실은 계성과 더불어 그의 정신적 요람이기도 했으니 숭실에 대한 그의 애정은 남달랐다. 자신을 길러 준 숭실대학을 키워 낼 수 있는 일이라면 강신명 목사는 그 어떤 일도 주저하지 않았다. 숭실대학의 발전기금을 요청하러 찾아갔던 독일에서 돌아온 1985년 6월, 그는 몸이 급격히 쇠약해졌다. 동행도 없이 머물렀던 독일에서의 시간은 낯설고 힘든 나날이었다. 그의 왕성한 사명감과 책임감을 더 이상 노쇠한 육신이 받아들이기는 어려웠던 것일까? 자신의 생일인 13일을 퇴원일로 예정하고 채비를 하고 있었지만, 오히려 병세가 더욱 악화되었다. 급기야 21일 밤부터 혼수상태가 된 강신명 목사는 이튿날 아침 10시, 76세를 일기로 숨을 거두었다. 누구도 예상치 못한 갑작스런 죽음이었다. 작고 10여일 전에 약속했던 결혼식 주례가 그가 지키지 못한 처음이자 마지막 약속이 되고 말았다. 이영신 여사와의 결혼 60주년을 한 해 앞두고서였다.

깨어진 둘을 하나로 일치시키고자 했던 그의 일생은 아름다웠다. 강신명 목사에겐들 왜 어려움이 없고 아픔이 따르지 않

강신명 시, 「영광은 주님 홀로」, 『21세기 찬송가』

았으랴. 그는 입이 무거웠던 만큼 목회자로서의 고뇌를 눈물로 삼킨 제사장이었다. 감당하기 어려운 일이 있을 때마다 그는 집무실 책상에 홀로 엎드려 기도했다. 숨죽인 오열로 때로 그의 어깨는 몹시 흔들리곤 했다. 강신명 목사는 영광을 취하기보다 먼저 낮고 힘든 곳에 자신을 놓는 사람이었다. 언제나 하나님과 대화하던 자신의 신앙고백을 그는 「영광은 주님 홀로」라는 시[6]로 남겼다.

6) 『21세기 찬송가』 596장

부록

소죽(小竹) 강신명(姜信明: 1909-1985) 연보

1909. 6.13. 경북 영주시 평은면 천본리 내매에서 강병주와 최영주 사이의 장남으로 출생

1914. 영주 내매교회 주일학교에 출석하면서 신앙생활 시작

1927. 1. 4. 이재림의 딸 이영신과 결혼

1930. 3. 대구 계성중학교 졸업

1934. 평양 숭실전문학교 영문과 졸업(9회)

1936. 1.17. 평양 서문밖교회 전도사

1936.12.27. 선천남교회 전도사

1937. 수양동우회 사건때 선천경찰서에 구류되어 취조를 받음. 하기 아동성경학교 동요사건으로 정주

검찰청에 구속되어 벌금 30원형을 받음

1938. 평양장로회신학교 졸업(33회)

1938. 8. 선천남교회 목사(동사목사)

1940. 일본 토오쿄신학교 수학

1942. 선천북교회 목사(~1946. 3)

1947. 3. 서울 영락교회 목사(동사목사, ~1955.11)

1948. 3. 서울 동흥중학교 교장(~1951. 6)

1953. 미국 프린스턴신학교 졸업(신학석사)

1953.12. 세계 대학봉사회 창설, 이사, 이사장, 총재 역임 (~1985)

1954. 4. 숭실대학 재단이사(~1958. 3)

1955.12. 새문안교회 담임 목사(~1979.12)

1959. 대한기독교교육협회 회장 (11대)

1959. 9. 계명대학 재단이사(~1963. 8)

1961. 9. 연세대학교 재단이사(~1966. 2)

1962. 대한기독교교육협회 회장(14대)

1962. 9. 서울 장로회신학교 교장(~1985)

1963. 9. 대한예수교장로회 총회장(~1964. 8)

1964. 미국 스털링 대학에서 명예신학박사학위를 받음

1964. 2. 연세대학교 재단이사장(~1966)

1970.12. 대한민국정부에서 국민헌장 모란장을 받음

1971. 대한기독교교육협회 회장(23대)

1977. 3. 주한 미군철군반대 한국기독교대책위원회 회장 (~1978. 1)

1977. 5. 한국기독교선교단체협의회 회장(~1985)

1978. 1. 한국기독교지도자협의회 회장(~1979.12)

1980. 1. 새문안교회 원로목사(~1985)

1980.10. 입법회의 의원(~1981. 3)

1981.12. 숭전대학교 이사장(~1982. 1)

1982. 1. 8. 숭전대학교 총장(~1985)

장녀 석렬(錫烈), 장남 석종(錫琮), 차남 석용(錫瑢),
차녀 석경(錫璟), 삼남 석공(錫珙)

참고문헌

강신명, 『아동가요곡선 300곡』.

김명구, 『소죽 강신명 목사』, 서울장신대학교 출판부, 2009.

박삼중, 『박삼중 스님의 인연이야기』, 문학수첩. 1999.

계성100년사편찬위원회, 『계성백년사』, 학교법인 계성학원, 2006.

윤경로, 『새문안교회 100년사』, 1995.

임희국, 『하늘의 뜻, 땅에 심는 성내교회 100년사』, 100년사 편찬위원회, 2009.

숭실대학교, 『숭실대학교 100년사』, 숭실대학교 출판부, 1997.

나의 노래, 주님 홀로 들으소서

깨어진 둘을 하나로 만든 강신명

지은이 | 김중순
펴낸이 | 최도욱
펴낸곳 | 소통
편집 디자인 | 박진희
2010년 3월 15일 초판 발행

주소 | 서울특별시 금천구 시흥동 금천로44 1단지 상가 1-217
전화 | 02-895-3080
팩스 | 02-895-3330
이메일 | sotongpub@gmail.com, chio7417@hanmail.net

ISBN 978-89-93454-25-3 04230
978-89-93454-23-9 04230

값 12,000원

이 도서의 국립중앙도서관 출판시도서목록(CIP)은
e-CIP 홈페이지(http://www.nl.go.kr/cip.php)에서 이용하실 수 있습니다.
(CIP제어번호: CIP2010000827)